兰州市中小学校本课程读本系列丛书（二）
丛书主编　郑作慧

我们爱数学

王文清　谈顺荣

钱惠玲　蔡永强　编著

兰州大学出版社
LANZHOU UNIVERSITY PRESS

图书在版编目（ＣＩＰ）数据

我们爱数学 / 王文清等编著. -- 兰州：兰州大学
出版社，2016.3
　　（兰州市中小学校本课程读本系列丛书 / 郑作慧主
编. 二）
　　ISBN 978-7-311-04909-6

　　Ⅰ．①我… Ⅱ．①王… Ⅲ．①小学数学课－教学参考
资料 Ⅳ．①G624.503

中国版本图书馆CIP数据核字(2016)第070712号

策划编辑　李　　晖
责任编辑　郝可伟
封面设计　陈　　文

书　　名　我们爱数学
作　　者　王文清　谈顺荣　钱惠玲　蔡永强　编著
出版发行　兰州大学出版社　（地址:兰州市天水南路222号　730000）
电　　话　0931-8912613(总编办公室)　0931-8617156(营销中心)
　　　　　0931-8914298(读者服务部)
网　　址　http://www.onbook.com.cn
电子信箱　press@lzu.edu.cn
印　　刷　兰州大众彩印包装有限公司
开　　本　710 mm×1020 mm　1/16
印　　张　12.5
字　　数　198千
版　　次　2016年5月第1版
印　　次　2016年5月第1次印刷
书　　号　ISBN 978-7-311-04909-6
定　　价　24.00元

（图书若有破损、缺页、掉页可随时与本社联系）

前　言

　　活泼可爱的小学生是民族的希望,是祖国的未来。我们要用可爱的数学滋养他们的心灵,让他们走出具有自己魅力的人生道路,成为祖国和人民的优秀人才。

　　打开这本书,你将走入数学的海洋。在这里,你的眼前会显现一个个新亮点,展现一个个新天地,发现你新的思维空间。数的奥妙,形的变化,有趣的数学故事,好玩的数学问题,如一朵朵小花绚丽多彩,令你惊奇赞叹,让你尽快地领悟数学的快乐,叫你从小爱数学,成为未来的数学高手。

　　书中也介绍了最可爱的人——为人类改造自然做出卓越贡献的数学家。这些伟大的数学家和他们的辉煌业绩,如点点星光,镶嵌在数学王国的天空,洒落在历史的长河,让数海星空日益辉煌灿烂,景色更加多彩迷人。

　　书中的"趣"是要在慢慢的思考中细细地体味的,如果把它等同为一般的数学问题,而省略掉本来有趣的思维过程,只求一个答案,所谓的"趣"也就荡然无存了。本书的内容打开了一个完全崭新和令人兴奋的数学大门。

　　"没有最好,只有更好",我们衷心希望本书所介绍的一些内容能对广大教师的课堂教学有所借鉴,能对数学新课改实践有所帮助。

　　在编著过程中,参阅了一些有关数学学习、兴趣培养的资料,值此书出版之际,向所有从事这方面研究的前辈致以衷心的谢意!

火星街小学校长:王文清

2015 年 12 月

引　言

数学万花筒

这里有最可爱的数学家,他们的辉煌业绩如点点星光,镶嵌在数学王国的天空;还有数学对诗歌、美学的影响,让你惊愕、叹服……

这是荡涤你心灵的阅读,是集情感体验、思想升华、能力培养为一体的阅读。

数学小童话

这里用生动的语言,清晰贴切地表述了生动有趣的故事,让我们体验数学不再乏味,更多的是体验数学的可爱。读后你会发现,数学是多么的面目可亲,是多么的值得你深爱啊!

趣题大本营

数学中有许许多多有趣的现象和未解之谜,因而吸引了许多人,使他们成为数学的爱好者和探索者……在这里,你的眼前会增添一个个新的亮点,展现一个个新的天地,发展你的思维空间……

竞赛加油站

这里拓展了我们从课本所学的知识,蕴涵了很多创新和实践的因素。这里同时也为大家提供了全新的观察视角,带我们大家走进一个不一样的数学世界。同学们,让我们一起来试试看,加油!

快乐猜猜看

在这里,向你展示了一个更加奇妙的数学世界,数学谜语竞猜让大家感到数学是多么的有趣,从而领略数学文化的丰富多彩。

目　录

❋❋❋❋❋❋❋❋❋
二年级下册
❋❋❋❋❋❋❋❋❋

四年级上册

六年级下册

数学万花筒

数学家小时候的故事(一)

——高斯

这里有最可爱的数学家，他们的辉煌业绩如点点星光，镶嵌在数学王国的天空！德国著名大科学家高斯出生在一个贫穷的家庭。他八岁时进入乡村小学读书。教数学的老师是一个从城里来的人，觉得在一个穷乡僻壤教几个'小猢狲'读书，真是大材小用。而他又有些偏见：穷人的孩子天生都是笨蛋，教这些蠢笨的孩子念书不必认真，如果有机会还应该处罚他们，给自己在这枯燥的生活里添一些乐趣。

这一天正是数学老师情绪低落的一天。同学们看到老师那抑郁的脸孔，心里畏缩起来，知道老师又会在今天捉这些学生处罚了。"你们今天替我算从1加2加3一直到100的和，谁算不出来就罚他不能回家吃午饭。"老师讲了这句话后就一言不发地拿起一本小说坐在椅子上看去了。教室里的小朋友们拿起石板开始计算："1加2等于3，3加3等于6，6加4等于10……"一些小朋友加到一个数后就擦掉石板上的结果，再加下去，数越来越大，很不好算。有些孩子的小脸孔涨红了，有些手心、额上渗出了汗来。还不到半个小时，小高斯拿起了他的石板走上前去。"老师，答案是不是这样？"老师头也不抬，挥着那肥厚的手，说："去，回去再算！错了。"他想，不可能这么快就会有答案了。可是高斯却站着不动，把石板伸向老师面前："老师！我想这个答案是对的。"数学老师本来想怒吼起来，可是一看石板上整整齐齐写了这样的数：5050。他惊奇起来，因为他自己曾经算过，得到的数也是5050，这个8岁的小鬼怎么这样快就得到了这个数值呢？

高斯解释他发现的一个方法，这个方法就是古希腊人和中国人用来计算级数1+2+3+…+n的方法。高斯的发现使老师觉得羞愧，觉得自己以前目空一切和轻视穷人家的孩子的观点是不对的。他以后也认真教起书来，并且还常从城里买些数学书自己进修并借给高斯看。在他的鼓励下，高斯以后便在数学上作了一些重要的研究了。

数学家小时候的故事(二)

——欧拉

欧拉于1707年出生在瑞士名城巴塞尔。他的爸爸是位神父，酷爱数学，在他爸爸的书房里，除了不多的神学书之外，满满当当的，全是数学书！从小欧拉略略懂事开始，这位热爱数学的父亲，只要有空，就会把儿子抱在大腿上，给他讲各种有趣的数学故事。

聪明的小欧拉，当然也特别喜欢听爸爸讲数学故事了。你瞧，爸爸刚下班回家，他就拽住了爸爸的黑袍子，要听故事。

"好的，"爸爸说，"今天，爸爸给你讲个关于国际象棋的故事。从前，印度有个国王叫舍罕。他的大臣发明了国际象棋。一天，刚和大臣下了一盘国际象棋的国王，觉得国际象棋非常好玩，决定重赏大臣。'国王，'大臣说，'您只要赏赐给我一些麦子就行了。请在棋盘的第一格里放1粒，第二格里放2粒，第三格里放4粒，第四格里放16粒……以此类推，把64格棋盘放满，就够了！'"你只要这点赏赐啊，'国王笑得喘不过气来，立刻派人来放麦子。可是，让人想不到的是，棋盘的格子还没放到一半，国库内的麦子就搬光了。"

小欧拉睁大眼睛，出神地望着爸爸，过了好一会儿才问道："这，怎么可能呢？"

爸爸抚摸着小欧拉的头，说："孩子，你还不懂，这就是数学上的幂级数。如果把棋盘64格全放满麦粒的话，这些麦子得有18 000亿吨。"

"18 000亿吨，那是多少啊？"小欧拉闹不明白。

"哦，这样跟你说吧，假设当时印度全年小麦的生产量是100万吨的话，要生产这么多的小麦，要用180万年才行。"

"我的天哪！"小欧拉惊呼起来，"原来，小小的棋盘里，竟然有如此有趣的数学问题！"

这个故事深深震撼了小欧拉的心灵，从此，一颗热爱数学的种子在小欧拉的心灵深处种下了。

数学小知识

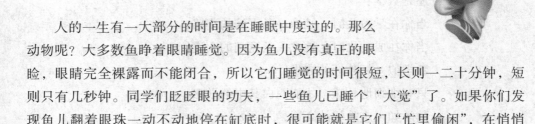

——动物的睡眠时间

人的一生有一大部分的时间是在睡眠中度过的。那么动物呢？大多数鱼睁着眼睛睡觉。因为鱼儿没有真正的眼睑，眼睛完全裸露而不能闭合，所以它们睡觉的时间很短，长则一二十分钟，短则只有几秒钟。同学们眨眨眼的功夫，一些鱼儿已睡个"大觉"了。如果你们发现鱼儿翻着眼珠一动不动地停在缸底时，很可能就是它们"忙里偷闲"，在悄悄打盹。

兔子因为胆子太小，睡觉时稍有动静，马上就会惊醒，一天内只能睡两三分钟；长颈鹿一天睡不到 2 个小时；马一天能睡 3 个小时，能边走边打瞌睡；大象的睡眠时间一天一般不超过 3 个小时，它们能连续两天不睡觉；鸭嘴兽每天的睡眠时间和人类相近，也是 8 个小时左右；果蝇一个晚上要休息 10 个小时，如果你让它们"熬夜"，它们也会要求补觉；鸡除了黑夜睡觉外，白天也要打盹 2～3 个小时；刺猬每天睡 17 个小时；狮子几乎没有天敌，想什么时候睡就什么时候睡，吃饱喝足，一天可以呼呼大睡 18 个小时；袋鼠每天能睡 19 个小时；最能睡觉的要数猪和蝙蝠了，每天能睡 20 个小时左右，号称长眠冠军，怪不得人们把爱睡懒觉的人叫懒猪呢！

小朋友们，这些是不是很有趣啊？

数学美

生活中最常用的知识是什么？数学！
科学中最重要的知识是什么？数学！
我眼中最有趣的知识是什么？数学！
地球人与外星人唯一能沟通的语言是什么？
还是数学！
当你在学习之时，她像一条泥泞的小路；
当你在成功之时，她像一条宽阔的大道。
数学似一杯苦涩的咖啡，
只有细细地品味，才能明白其中的滋味；
数学如一座险峻的高峰，
只有努力攀登，才能到达理想的顶峰；
数学像一曲优美的音乐，

只有和谐演奏，才能奏出宛转的音乐。
曾经，我像个单翼天使，怎么也飞不高；
后来数学成了我的另一个羽翼，
使我在天空中自由地翱翔！
数学不仅拥有真，而且还拥有非凡的美——
一种像雕塑那样冷峻而严厉的美，
一种不为我们软弱的天性所动的美，
一种不具有绘画和音乐那样富丽堂皇的装饰美，
然而又是极具纯净的美，
是唯有最伟大的艺术才具有的严格的美。

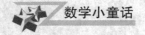 数学小童话

0和1的争斗

亲爱的小朋友，欢迎你走进数学乐园，聆听故事！

在神秘的数学王国里，胖子"0"与瘦子"1"这两个"小有名气"的数字，常常为了谁重要而争执不休。瞧！今天，这两个小冤家狭路相逢，彼此之间又展开了一场舌战。

瘦子"1"抢先发言："哼！胖胖的'0'，你有什么了不起？就像100，如果没有我这个瘦子'1'，你这两个胖'0'有什么用？"

胖子"0"不服气了："你也甭在我面前耍威风，想想看，要是没有我，你上哪儿找其他数来组成100呢？"

"哟！""1"不甘示弱，"你再神气也不过是表示什么也没有，看！'1+0'还不等于我本身，你哪点儿派得上用场啦？"

"去！'1×0'结果也还不是我，你'1'不也同样没用！""0"针锋相对。

"你……""1"顿了顿，随机应变道，"不管怎么说，你'0'就是表示什么也没有！"

"这就是你见识少了。""0"不慌不忙地说，"你看，日常生活中，气温0摄氏度，难道是没有温度吗？再比如，直尺上没有我作为起点，哪有你'1'呢？"

"再怎么比，你也只能做中间数或尾数，如1037、1307，永远不能领头。""1"信心十足地说。

听了这话，"0"更显得理直气壮地说："这可说不定了，如0.1，没有我这个'0'来占位，你可怎么办？"

眼看着胖子"0"与瘦子"1"争得脸红耳赤，谁也不让谁，一旁观战的其他数字们都十分着急。这时，"9"灵机一动，上前做了个暂停的手势："你俩都别争了，瞧你们，'1'、'0'有哪个数比我大？""这……"胖子"0"、瘦子"1"哑口无言。这时，"9"才心平气和地说："'1'、'0'，其实，只要你们站在一块，不就比我大了吗？""1"、"0"面面相觑，半晌才搔搔头笑了。"这才对嘛！团结的力量才是最重要的！""9"语重心长地说。

有趣的击泡泡游戏

星期天，熊妈妈陪着小酷熊在家玩了这样一个游戏：计算机屏幕上原来只有1个泡泡，用鼠标点击一下这个泡泡，被点中的泡泡就会消失，变成3个同样大小的泡泡。再用鼠标点击其中的一个泡泡，这个泡泡也会消失，变成3个同样大小的泡泡，以此类推，出现了许多泡泡。

小酷熊玩得可来劲了，玩了一会儿，小酷熊高兴地喊道："现在已经有60个泡泡了。"熊妈妈一听，对小酷熊说道："你一定数错了，不可能正好60个泡泡的。"

"您又没有玩过，怎么知道呢？"小酷熊疑惑地问道。

熊妈妈耐心地给小酷熊讲解道："原来只有1个泡泡，用鼠标点击其中的一个泡泡，被点中的泡泡就会消失，变成3个同样大小的泡泡，也就是增加了2个泡泡。再点击一个，变成3-1+3=5个泡泡，还是增加了2个泡泡。这样，每点击一次，泡泡个数就会增加2个，所以泡泡的总数总是1个、3个、5个、7个、9个……这些数永远是单数，怎么可能是60呢？"

小酷熊听完妈妈的话恍然大悟，说："原来游戏里蕴涵着这么多有趣的数学知识啊！我一定要好好学习数学。"

胖胖虎当上大警察

森林警察局要招聘一名警察。招聘启事一公布，立即吸引了很多动物来报名。

经过文化考试、体能测试等一系列考察，许多动物都被淘汰了，只有胖胖虎、红狐狸和长臂猿入围最后的面试。

面试在警察局长的办公室里进行。大象局长坐在靠椅上，轻轻一摁遥控器，他背后的电视上立即出现了一幅地图。大象局长说："当警察不光要身体好，还要会动脑筋。你们看，这是我们森林小镇的街道示意图。在巡逻的时候，聪明的警察会选择走不重复的路，用最短的时间把全部街道巡逻完，然后回到警察局。你们看看，从警察局出发，有多少种不走重复路完成一次巡逻的走法？"

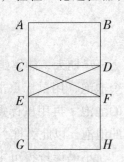

红狐狸的眼睛像钟摆似的来回直转，却连一种走法都没想出来。

长臂猿用长长的手臂不停地拍着脑袋，也没有想出什么好办法。

胖胖虎盯着电视看了一会儿，胸有成竹地说："报告局长，我想出了几条巡逻路线。"

胖胖虎把自己的想法说了一遍，大象局长高兴地说："祝贺你通过面试，成为一名光荣的动物警察！"

快乐猜猜看

同学们，谜语是大家喜闻乐见的一种文学形式，在我国具有悠久的历史。下面提供一些数学中的常见谜语，供大家赏析，请你们猜猜看！

猜数字的谜语（一）

肚子圆圆；单根独苗，像根小棒；

小鸭游水；一只耳朵；一面小旗；

一个钩子；像个口哨；割草镰刀；

孪生兄弟；小小蝌蚪；近邻哥俩好。

猜数字的谜语（二）

（1）大人不在；（2）人有它大，天没有它大；（3）其中；

（4）春雨绵绵人离去；（5）泰山中无人无水；（6）学校东北角；

（7）要虚心；（8）摘捂穷帽子，挖掉穷根子；（9）旭日东升；

（10）一来就干。

谜底： 猜数字的谜语（一）0；1；2；3；4；5；6；7；8；9；10。

猜数字的谜语（二）（1）一；（2）一；（3）二；（4）三；（5）三；

（6）六；（7）七；（8）八；（9）九；（10）十。

数树

大马路，两行树，
小牛小马溜马路，
边跑边把树木数。
小牛去时数左边，
共有绿树整十棵；
回头仍然数左边，
这次多了一棵树。
小马听完直摇头，
小牛数树真糊涂！
怎可来回数左边？
留下右边让谁数？
去时我先数左边，
回头再数右边树。
路边共有树二十，
不多不少没错误。
小朋友，想一想，
他俩到底谁糊涂？

答案提示： 小马糊涂，回头的左边就是去时的右边，应该共有 10+11=21
（棵）树。

多少鸭子水中戏

池塘里，水儿清，
一群鸭子水中戏。
七只花鸭练倒立，
九只白鸭捉虾去，
还有四只是黑鸭，
"嘎嘎嘎嘎" 唱歌曲。
小朋友，可知道，
多少鸭子水中戏？

答案提示： 7+9+4=20（只），
所以有20只鸭子水中戏。

竞赛加油站

一年级上册趣味数学竞赛试题

这里拓展了我们从课本所学的知识，蕴涵了很多创新和实践的因素。这里同时也为大家提供了全新的观察视角，带我们大家走进一个不一样的数学世界。同学们，让我们一起来试试看，加油！

一、火眼金睛，数学高速路。把正确答案前面的序号填在括号里。

1. 一根木头锯成5段，要锯（   ）次。

A. 4   B. 5   C. 6

2. 用3根短绳连成一条长绳，一共要打（   ）个结。

A. 2   B. 3   C. 4

3. 张老师带了10名同学去看电影，一共要买（   ）张电影票。

A. 9   B. 10   C. 11

4. 强强和小华打了2小时的乒乓球，每人打了（   ）小时。

A. 2   B. 4   C. 3

5. 丁丁有6朵花，丁丁的花朵是东东的一半，东东有（   ）朵花。

A. 3   B. 6   C. 12

6. 晒一块手帕要两个夹子，晒两块手帕要3个夹子，妈妈用了7个夹子，她晒了（   ）块手帕。

A. 6   B. 7   C. 8

7. 鱼缸里有10条鱼，死了1条，鱼缸里还有（   ）条。

A. 10   B. 8   C. 9

8.黑兔、灰兔和白兔三只兔子在赛跑。黑兔说："我跑得不是最快的，但比白兔快。"请你说说，（　　　　）跑得最快，（　　　　）跑得最慢。

　　A.黑兔　　　　　　　　B.灰兔　　　　　　　　C.白兔

二、找规律我能行。

（1）2、4、6、8、（　　　　）、（　　　　）

（2）5、10、15、20、（　　　　）、（　　　　）

（3）1、6、3、6、5、6、（　　　　）、（　　　　）

三、巧思妙解，生活万花筒。

1.华华家上面有3层，下面有2层，这幢楼共有多少层？

2.说稀奇、道稀奇，鸭子队里有只鸡。正着数它第六，倒着数它第七。请你帮助算一算，小鸭一共有几只？

3.桌子上原来有12支点燃的蜡烛，先被风吹灭了3支，不久又一阵风吹灭了2根，第二天早上最后桌子上还剩几支蜡烛呢？

参考答案：一、1.A；2.A；3.C；4.A；5.C；6.C；

7.A；8.B，C

二、（1）10、12；（2）25、30；（3）

7、6

三、1.3+1+2=6（层）

2.5+6=11（只）

3.2+3=5（支）

数学万花筒

数学家小时候的故事（三）

——华罗庚

华罗庚出生在江苏省金坛县一个贫困家庭。这是当时一个非常闭塞的县城。

华罗庚在中学读书时，曾对传统的珠算方法进行了认真思考。他经过分析认为：珠算的加减法难以再简化，但乘法还可以简化。乘法传统打法是"留头法"或"留尾法"，即先将乘法打上算盘，再用被乘数去乘；每用乘数的一位数乘被乘数，则在乘数中将该位数去掉；将乘数用完了，即得最后答案。华罗庚觉得：何不干脆将每次乘出的答数逐次加到算盘上去呢？这样就省掉了乘数打上算盘的时间。例如：28×6，先在算盘上打上2×6=12，再退一位，加上8×6=48，立即得168，只用两步就能得出结果。对于除法，也可以同样化为逐步相减来做，节省的时间就更多。凭着这一点改进，再加上他擅长心算，华罗庚在当时上海的珠算比赛中获得了冠军。

华罗庚不仅对数学肯动脑筋，对语文也很用心。有一次，老师把自己收藏的文学大师胡适的书分给学生，让每人看完后写一篇读后感。华罗庚分得的是《尝试集》，书中流露出作者提倡白话文的得意，认为自己是一次成功的尝试，于是在扉页上写了一首《序诗》："尝试成功自古无，放翁这话未必是。我今为下一转语，自古成功在尝试。"

华罗庚在读后感中，并未表达出老师所期望的对胡适的赞美之词，而是尖锐地指出：胡适的这首诗概念混乱，第一句中的"尝试"与第四句中的"尝试"是两个完全不同的概念。第一句中的"尝试"是指初次尝试，当然一试就成功是比较罕见的；第四句中的"尝试"则是指经过多次尝试或失败之后的一次成功尝试，所以它们具有不同的含意。单独来看两个"尝试"都是有道理的，但胡适将二者放在一起，则是拿自己的概念随意否定别人（陆放翁）的概念，真是岂有此理！他说："胡适序诗逻辑混乱，不堪卒读。"

虽然语文老师当时十分不悦，但20年后还是对已成名的华罗庚说："我早就看了你的文章不落窠臼。"华罗庚正是由于勤思考、爱创新，最终靠刻苦自学成为一名大数学家的。

数学家小时候的故事(四)

——陈景润

陈景润出生在一个小职员的家庭里。父亲希望这个孩子的降生能给家中带来"滋润"的日子，因此给他起了个吉利的名字。

少年陈景润酷爱数学，数学成绩在班里总是名列前茅。他不善言谈，不喜欢交际，在那些穿着整齐、欢声笑语的同学面前，总是自惭形秽。只有在上课和做作业的时候，他才把自己并列到全班几十个同学之中，也只有在这个时候，同学们才对他刮目相看。

有一次上数学课，老师讲了一个故事：200年前，有一位名叫哥德巴赫的德国数学家提出了一个猜想：凡是大于2的偶数一定可以表示为两个素数之和。比如

4＝2+2，6=3+3，8=3+5……哥氏本人虽然对许多偶数进行了验证，都说明是确实的，但他本人却无法进行逻辑证明。他写信向著名的数学大师欧拉请教，欧拉花了多年的精力，到死也没有证明出来。从此这道世界难题就吸引了成千上万的数学家，但始终没有人能攻下来，因此，它被称为数学皇冠上的明珠。自从听了这个故事后，哥德巴赫猜想就时常萦绕在陈景润的脑海中。他常想：那颗明珠究竟会落到什么人之手？中国人，还是欧洲人？应该是中国人拿下这道难题。他暗暗下了决心，从此更加发愤学习数学，有时简直到了如痴如醉的程度。

有一天，妈妈把米倒在锅里，添好水让他看着，然后就上街买菜去了。景润头也不抬地答应了妈妈，却照样看书。他的思路完全沉浸在功课之中，饭糊了也没闻到。等妈妈从菜场回来，一锅米饭有一半已烧成黑炭。

陈景润不仅学习刻苦，还利用余时博览群书，丰富自己的知识，他成了班里有名的读书迷，同学们亲切地送他一个昵称——"booker"。

正因为陈景润具有勇攀科学高峰的雄心壮志和刻苦钻研的精神，他少年时代的梦想终于变成了现实，他像一颗璀璨的明星，升上了数学王国的天空。

数学小知识

——会报时的花

"日出而作，日落而息"，古人一开始是根据太阳的升落来确定作息时间的。后来古人又发明了各式各样的计时工具，如用日影计时的"日晷"、用滴水器计时的"刻漏"。现在人们使用的电子钟表，已经把时间精确到了百万分之一秒。

其实，在自然界里有很多会报时的花。例如，蛇麻藤的花会在凌晨3时左右开放；牵牛花4时左右会吹起他浅紫色的小喇叭；蒲公英和野蔷薇总是在清晨5时左右展开笑脸；龙葵6时左右开放；美丽高贵的郁金香约在7时半展开他高高的

"酒杯"；每天早上7到8时，黄时钟花的所有花朵都会准时绽放；10时开放的是半枝莲；大爪草药在11时盛开他的花瓣；一到下午3时，万寿菊就会欣然怒放；紫茉莉在下午5时黄昏的时候开花；傍晚6时，烟草花在暮色中苏醒；晚上7时新闻联播开始时，月光花的花朵也相继开放；夜来香的花朵在晚上8时开放；昙花却在晚上9时左右含笑一现……

17世纪瑞典著名的植物学家林奈，通过长期观察和研究，发现了不同花的开放时间。于是，他选择了一些植物，按它们开花时间的先后顺序，种在自己的花园里。要想知道是几时，只要去看看什么花在开放就行了，真是有趣极了。

同学们不妨亲自动手，在自家的花坛或花盆中，种上不同的花草，记下这些花草准确开花的时间，说不定你也能制造出更加精确的"鲜花时钟"。

有趣的数字诗

人们通常认为数字只是表示事物数量的符号，是比较单调、枯燥的。可是到了诗人笔下，经过巧妙的构思，恰当的安排，它们就能变平淡为奇特，造成特殊的境界，产生意想不到的艺术效果。

下面我们来一起看看有趣的数字诗吧！

一去二三里，烟村四五家。亭台六七座，八九十枝花。

这短短的四句诗，就包含了十个数，作者选择烟村、亭台和花枝等物体，用一至十的自然数加以修饰、形容，利用数的联用产生模糊概念，勾勒出一幅美妙的风景画，读来富有情韵。

以画竹而闻名天下的郑板桥，也喜欢用数字入诗，他的数字诗《咏竹》可谓别出心裁：一二三枝竹竿，四五六片竹叶；自然淡淡疏疏，何必重重叠叠。

诗中只用了简简单单的几个数，却写尽了竹子的风姿神韵。他写的《咏雪》诗也十分别致：一片两片三四片，五六七八九十片，千片万片无数片，飞入梅花总不见。

全诗几乎是用数堆砌起来的，从一至十至万至无数，却丝毫没有累赘之嫌，读之使人宛如置身于广袤天地大雪纷飞之中，但见一剪寒梅傲立雪中，雪花融入了梅花，人呢，也融入了这雪花和梅花中了。

小朋友，你看这些数字诗有趣吗？你还知道哪些数字诗呢？

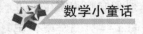 数学小童话

坏狐狸和三角形

鸡妈妈孵出了四只小鸡，她又高兴又担心。高兴的是四只小鸡宝宝个个欢蹦乱跳，真是惹人喜爱；担心的是坏狐狸会来偷吃鸡宝宝。

为了防备坏狐狸来偷吃鸡宝宝，鸡妈妈找来许多木板和木棍搭了一间平顶小木房。鸡妈妈想，有了房子就不怕坏狐狸来了。

深夜，田野静悄悄的。月光下，一条黑影飞快地跑近了小木房。

"砰、砰！"一阵敲门声把鸡妈妈惊醒。"谁？"鸡妈妈问。

"是我，是老公鸡，快开门吧。"一种十分难听的声音在回答。

鸡妈妈想，不对呀！老公鸡出远门了，需要好多天才能回来呢。另外，这难听的声音根本不是老公鸡的声音。鸡妈妈大声说："你不是老公鸡，你是坏狐狸，快走开！"

坏狐狸一看骗不成，就露出了狰狞的面目。他厉声喝道："快把小鸡崽给我交出来！不然的话，我要推倒你的房子，把你们统统吃掉！"

鸡妈妈心里虽然害怕，嘴里却说："不给，不给，就是不给！我的鸡宝宝不能给你吃。"

坏狐狸大怒，使劲地摇晃平顶木房子，吓得四只小鸡躲在鸡妈妈的翅膀下发抖。摇了一会儿，房架倾斜了。房顶和墙之间露出个大缝子，一只大狐狸爪子伸了进来，抓起一只鸡宝宝就跑了。

天亮了，小鸟飞来飞去在寻找食物。一阵哭声，惊动了他们。

小黄雀问："鸡妈妈，你哭什么呀？"

鸡妈妈一边哭一边说："我修了一个平顶木房，防备坏狐狸来偷吃鸡宝宝。谁知平顶木房不结实，让坏狐狸三推两推给推歪了。坏狐狸抢起了一只鸡宝宝，呜……"

啄木鸟说："小喜鹊顶会盖房子，还是请他来帮你盖一座结实的房子吧！"

不一会儿，啄木鸟把喜鹊请来了。喜鹊说："我只会搭窝，哪里会盖房子呀！"

"那怎么办？"大家犯愁了。

喜鹊说："有一次我在大树上，听见树下几个建筑工人说，三角形的房顶最结实。"

啄木鸟着急地说："谁见过三角形是什么样子啊？"

喜鹊衔来三根树枝，摆了一个三角形。

大家说："就按这个样子来盖吧。"

小鸟们有的衔树枝，有的衔泥，啄木鸟在木头上啄出小洞，喜鹊用细枝条把木头都绑起来。在太阳快落山的时候，一座三角形房顶的新房子盖好了。

晚上，坏狐狸又来了。这次，他二话没说，扶着木房子就拼命摇动起来。怪呀，今天晚上这个木房子怎么摇不动了呢？！坏狐狸鼓足了劲再摇，还是丝毫不动。

天快亮了，坏狐狸狠狠地说："现在就算饶了你们，明天我还要来，只要你们敢出来，我就吃掉你们！"

清晨，小鸟又看见鸡妈妈在守着木房子发愁。

小山鹰问："鸡妈妈，你的木房子不是好好的嘛，你还愁什么？"

鸡妈妈说："三角形的屋顶是比较牢靠，可是我们不能总待在房子里面呀！坏狐狸说我们一出来，他就要来抓鸡宝宝。"

百灵鸟说："我有个好主意，咱们帮鸡妈妈在房子外面围一圈木栅栏，再装一个木栅栏门进出，这不就可以防备坏狐狸了吗！"

大家都说这个主意好，于是一起动手筑了一道木栅栏。他们还把上头削尖了，防止坏狐狸跳进来。最后装上一个长方形的木栅栏门。

傍晚，坏狐狸真的又来了。他看见鸡宝宝在栅栏里又蹦又跳，馋得口水直流。坏狐狸围着木栅栏转了两圈，发现还是搞毁栅栏门最容易。他两只爪子扣着木栅栏门使劲地摇。结果，长方形的门变成了平行四边形，露出了一个豁口。坏狐狸"噌"地一下跳了进去。要不是鸡妈妈领鸡宝宝赶快跑进了房子里，恐怕就要遭殃了。

坏狐狸走了。小喜鹊飞来说：'长方形的门容易变形，给它斜钉上一块木板，变成两个三角形就牢固多了。"

百灵鸟说："咱们不能总是防备坏狐狸，咱们要这样……这样办。"大家听了非常高兴，又忙了一阵子才离开。

坏狐狸没吃着鸡宝宝是不甘心的，他又悄悄地来了。他直奔木栅栏门，把门使劲摇晃。咦，这次怎么摇不动了呢？狐狸使足了劲一摇，只听"扑通"一声掉进了陷阱里。陷阱底全是三角形的木尖钉，狡猾的狐狸丧了命。

鸡妈妈高兴地说："三角形用处可真大呀！"

狐狸卖蛋

瘸腿狐狸守着好多箱鸡蛋，大声吆喝："卖鸡蛋啦！新鲜鸡蛋！多买便宜啦！"突然，传来低低的哭泣声。瘸腿狐狸循声望去，见到一只大公鸡扶着一只哭泣的母鸡朝这边走来。狐狸赶紧打招呼："二位买点新鲜鸡蛋吧！"母鸡听说"新鲜鸡蛋"几个字，突然放声大哭。母鸡这么一哭，把瘸腿狐狸弄糊涂了。狐狸满脸不高兴。他说："今天是我第一次卖鸡蛋，你就在我摊前又哭又闹，真晦气！"大公鸡赶紧解释说："我妻子前几天产了一窝蛋，不留神，被小偷偷走了，她非常伤心。"听说"偷"字，狐狸一怔。他急忙解释说："人家常说狐狸偷鸡，可没人说狐狸偷蛋的，这蛋是我买来的，可不是偷你们的！"

瘸腿狐狸眼珠一转，立刻换了一副面孔。他笑嘻嘻地对母鸡说："你不要哭嘛！你不是丢了鸡蛋吗，我这儿有的是鸡蛋，你买几个回去孵，保证你子孙满堂。"听狐狸这么一说，母鸡立即破涕为笑，当即买了10个鸡蛋，欢天喜地地回窝孵蛋。母鸡刚走，狐狸"扑哧"一声笑了，说："我这些鸡蛋都是从母鸡场买来的，这母鸡场一只公鸡都没有，这鸡蛋根本就孵不出小鸡！"

母鸡回去孵蛋，一连孵了许多天，鸡蛋连一点动静也没有。又过几天，鸡蛋开始发出臭味了，母鸡才知道上了狐狸的当。公鸡和母鸡一起找狐狸算账！狐狸死不承认，可是公鸡和母鸡就是不走。狐狸眉头一皱，计上心来。狐狸说："这样吧！我愿意把这1000个鸡蛋都给你，作为赔偿。只是有个条件。"公鸡问："什么条件？"狐狸说："这1000个鸡蛋，你们要分5次拿走。每次拿走的鸡蛋数都是一个由8组成的数。'8'多吉利，'8'就是'发'嘛！'发财'呀！"

公鸡和母鸡，你看看我，我看看你，谁也不会算。突然，"吧嗒"一响，从树上扔下一个小纸团，一只猴子在树上一闪就没了。公鸡拾起纸团一看，立即高叫一声，对狐狸说："你先给我8个鸡蛋。"狐狸照办。"你再给我88个鸡蛋。"狐狸照办。"你再给我888个鸡蛋，几次啦？"狐狸说："3次啦！"母鸡过来说："剩下两次，该我啦！你给我8个鸡蛋，再给我8个鸡蛋。"

狐狸眼睛都红了，他列了个加法式：8+88+888+8+8=1000。狐狸大叫一声，昏倒在地上。

"数字"狂欢节

"六一"节到了，阿拉伯数字们期盼已久的时刻来啦——快乐狂欢节。

每一个"六一"的到来，都会给这一群小伙伴注入新的生命力，今年的狂欢节又在一片欢呼声中拉开了帷幕……

数字8和3抢先冲上舞台，它们给大家带来的是魔术。"8"在优美的音乐中展示着婀娜的身姿，突然转身一甩，变成了两个"3"，台下发出一片惊叹声；绚丽的灯光下，数字"3"摇身一变，也来了分身术，好多个"3"让人眼花缭乱；然后俩数字手牵手，又合二为一成为"8"。观众欢呼着，掌声经久不息。

圆滚滚的"0"迫不及待地出场了。你瞧，几个灵巧的前空翻之后，它大喊一声"变"，五个圆圈，组成了奥运五环的图案，全场屏息之后便是雷鸣般的掌声。

"6"和"9"不甘落后，携手上了舞台。"9"无比骄傲地说："要说长得像啊，谁敢与我俩一比高下呢！"说着，同时来了几个转身倒立。嘿，还真有趣，大家真分不清了！简直是双胞胎。

数字们轮流上场表演，也许是不够过瘾吧，最后竟然一拥而上，尽情狂欢……

快乐猜猜看

同学们，平时我们在学习中学到许多数学知识，下面这些谜语就与它们有关，请你们猜猜看，一定行！

数学谜语竞猜

1. 横看是把尺，竖看是根棒，年龄最最小，大哥它来当。　　　　　　（打一数字）

2. 像个蛋不是蛋，说它圆不大圆，说它没有它又有，成千上万连成串。　　　　　（打一数字）

3. 五四三二一。　　　　　　　　　　　　　　（打一数学名词）

4. 讨价还价。　　　　　　　　　　　　　　　（打一数学名词）

5. 你盼着我，我盼着你。　　　　　　　　　　（打一数学名词）

6. 这个脑袋真正灵，忽闪忽闪眨眼睛，东南西北带着它，加减乘除不费劲。　　　　　　　　　　　　　　　（打一用具）

7. 四个兄弟一样长，两两相对围成框，阅兵队形常用到，对称轴儿有四条。　　　　　　　　　　　　　（打一平面图形）

8. 一加一不是二。　　　　　　　　　　　　　　（打一字）

9. 一减一不是零。　　　　　　　　　　　　　　（打一字）

10. 哥哥长，弟弟短，天天赛跑大家看，哥哥跑了12圈，弟弟刚刚跑一圈。　　　　　　　　　　　　　　　（打一实物）

谜底：1.1；2.0；3.倒数；4.商；5.等式；6.计算器；7.正方形；8.王；9.三；10.钟表。

啄木鸟

啄木鸟，当医生，
飞到果园来治病。
桃树捉虫十三条，
李树捉了虫八条。
梨树捉的虫很多，
和桃李树总数等。
它共捉了虫多少？
小朋友们快算清。

多少动物多少腿

大象伯伯力气大，
领着大家到处逛。
一只公鸡喔喔啼，
两只黄鹂头上停。
小鸭、小猫坐背上，
小狗尾巴摇不停。
小朋友，请你算，
多少动物逛得欢？
多少条腿儿跑得忙？

 竞赛加油站

一年级下册趣味数学竞赛试题

（小朋友们，做完试卷一定要检查仔细哦。）

一、火眼金睛，数学高速路。把正确答案前面的序号填在括号里。

1. 小明家住在5楼，小明从一楼回到家共爬了（　　）层楼梯。

A. 4　　　　　　　　　B. 5　　　　　　　　　C. 6

2. 花园里有兰花40盆、菊花60盆，兰花再种（　　）盆就和菊花同样多。

A. 40　　　　　　　　　B. 10　　　　　　　　　C. 20

3. 第一个盘子里有5个梨，第二个盘子里有4个梨，把第一个盘里拿1个放到第二个盘里，现在在一共有（　　）个梨。

A. 8　　　　　　　　　B. 9　　　　　　　　　C. 10

4. 三个小朋友比体重，甲比乙重，丙最重，（　　）最轻。

A. 甲　　　　　　　　　B. 乙　　　　　　　　　C. 丙

5. 煮熟2个生鸡蛋用6分钟，煮熟10个生鸡蛋用（　　）分钟。

A. 30　　　　　　　　　B. 6　　　　　　　　　C. 10

6. 3个人同时吃3个馒头，用3分钟才吃完；照这样计算，9个人同时吃9个馒头，需要（　　）分钟才吃完。

A. 3　　　　　　　　　B. 9　　　　　　　　　C. 6

7. 小明拍皮球，第一次拍了35下，第二次比第一次少拍7下，第二次拍了（　　）下。

A. 7　　　　　　　　　B. 42　　　　　　　　　C. 28

8. 找规律填数：0，1，3，6，10，（　　　），（　　　）。

A. 21　　　　　　　B. 12　　　　　　　C. 15

9. 屋子里点燃了10支蜡烛，风吹灭了3支，第二天还剩（　　　）支蜡烛。

 A. 7　　　　　　　B. 10只　　　　　　C. 3

10. 小青两次画了17幅画，第一次画了9幅画，第二次画了（　　　）幅画。

A. 17　　　　　　　B. 9　　　　　　　C. 8

二、巧思妙解，生活万花筒。

1. 妈妈给姐姐买了18支铅笔，给弟弟买了10支铅笔，姐姐分给弟弟几支，姐弟俩的铅笔就一样多？

2. 13只鸡排成一队，其中有只大公鸡，它的前面有8只鸡，它的后面有几只鸡？

3. 填上数，使每条线上的三个数相加都等于指定的数。如何按规律填数呢？

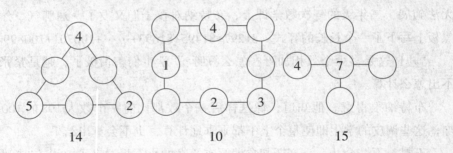

14　　　　　　　　　　10　　　　　　　　　　15

参考答案：一、1. A；2. C；3. B；4. B；5. B；6. A；7. C；8. C、A；9. C；10. C

二、1. 18−10=8（支）

8÷2=4（支）

2. 13−1−8=4（只）

3. 5、8、7；4、2、5、5；2、4、6

数学万花筒

数学家的故事(一)

——高斯

同学们，你知道吗？19世纪前期，德国数学家高斯在近代科学研究领域里，以及数学研究的辉煌成果被世人公认为牛顿之后最伟大的数学家，被人们誉为"数学王子"。7岁那年，小高斯上小学了。教师名字叫布特纳，是当地小有名气的"数学家"。这位来自城市的青年教师，总认为乡下的孩子都是笨蛋，自己的才华无法施展。三年级的一次数学课上，布特纳对孩子们又发了一通脾气，然后，在黑板上写下了一个长长的算式：81297+81495+81693+……+100701+100899=？

"哇！这是多少个数相加呀？怎么算呀？"学生们害怕极了，越是紧张越是想不出怎么计算。

布特纳很得意。他知道，像这样后一个数都比前一个数大198的100个数相加，这些调皮的学生即使整个上午都乖乖地计算，也不会算出结果。

不料，不一会儿，小高斯却拿着写有答案的小石板过来了，说："老师，我算完了。"布特纳连头都没抬，生气地说："去去，不要胡闹。谁想胡乱写一个数交差，可得小心！"说完，挥动了一下他那铁锤似的拳头。

可是小高斯却坚持不走，说："老师，我没有胡闹。"并把小石板轻轻地放在讲台上。布特纳看了一眼，惊讶得说不出话来，没想到，这个9岁的孩子居然这么快就算出了正确的答案。

原来，小高斯不是像其他孩子那样一个数一个数地加，而是细心地观察，动脑筋，找规律。他发现一头一尾两个数依次相加，每次加得的和都是182196，求50个182196的和可以用乘法很快算出。

小高斯难以置信的数学天赋，使布特纳既佩服又内疚。从此，他再也不轻视穷人的孩子了。他给小高斯买来了许多数学书，并让他的年轻的助手巴蒂尔帮助小高斯学数学。

高斯经过不懈努力，终于成了一名伟大的数学家。

你们想当高斯之后最伟大的数学家吗？如果想，那就要好好学习哦！

数学家的故事（二）
——苏步青

苏步青1902年9月出生在浙江省平阳县的一个山村里。虽然家境清贫，可他父母省吃俭用，拼死拼活也要供他上学。他在读初中时，对数学并不感兴趣，觉得数学太简单，一学就懂。可是，后来的一堂数学课影响了他一生的道路。

那是苏步青上初三时，他就读的浙江省立十中来了一位刚从东京留学归来的教数学课的杨老师。第一堂课杨老师没有讲数学，而是讲故事。他说："当今世界，弱肉强食，世界列强依仗船坚炮利，都想蚕食瓜分中国。中华亡国灭种的危险迫在眉睫，振兴科学，发展实业，救亡图存，在此一举。'天下兴亡，匹夫有责'，在座的每一位同学都有责任。"他旁征博引，讲述了数学在现代科学技术发展中的巨大作用。这堂课的最后一句话是："为了救亡图存，必须振兴科学。数学是科学的开路先锋，为了发展科学，必须学好数学。"苏步青一生不知听过多少堂课，但这一堂课使他终生难忘。

杨老师的课深深地打动了他，给他的思想注入了新的兴奋剂。读书，不仅是为了摆脱个人困境，更是要拯救中国广大的苦难民众；读书，不仅是为了个人找出路，更是为中华民族求新生。当天晚上，苏步青辗转反侧，彻夜难眠。在杨老师的影响下，苏步青的兴趣从文学转向了数学，并从此立下了"读书不忘救国，救国不忘读书"的座右铭。一迷上数学，不管是酷暑隆冬，还是霜晨雪夜，苏步青只知道读书、思考、解题、演算，4年中演算了上万道数学习题。现在温州一中（即当时的省立十中）还珍藏着苏步青一本几何练习簿，用毛笔书写，工工整整。中学毕业时，苏步青门门功课都在90分以上。

　　17岁时，苏步青赴日留学，并以第一名的成绩考取东京高等工业学校，在那里他如饥似渴地学习着。为国争光的信念驱使苏步青较早地进入了数学的研究领域，在完成学业的同时，写了30多篇论文，在微分几何方面取得了令人瞩目的成果，并于1931年获得理学博士学位。获得博士学位之前，苏步青已在日本帝国大学数学系当讲师，正当日本一个大学准备聘他去任待遇优厚的副教授时，苏步青却决定回国，回到抚育他成长的祖国任教。回到浙江大学任教授的苏步青，生活十分艰苦。面对困境，苏步青的回答是"吃苦算得了什么，我甘心情愿，因为我选择了一条正确的道路，这是一条爱国的光明之路啊！"

　　这就是老一辈数学家那颗爱国的赤子之心。

阿拉伯数字的由来

　　同学们，了解这些数学小知识吗？细细品读，一定让你大开眼界！

　　公元3世纪，印度的一位科学家巴格达发明了阿拉伯数字。最古的计数大概至多到3，为了设想"4"这个数字，就必须把2和2加起来，5是2加2加1，3这个数字是2加1得来的，大概较晚才出现了用手写的五指表示5这个数字和用双手的十指表示10这个数字。这个原则实际也是我们计算的基础。罗马的计数只有到Ⅴ（即5）的数字，Ⅹ（即10）以内的数字则由Ⅴ（5）和其他数字组合起来。Ⅹ是两个Ⅴ的组合，同一数字符号根据它与其他数字符号的位置关系而具有不同的量。这样就开始有了数字位置的概念，在数学上这个重要的贡献应归于两河流域的古代居民，后来古编人在这个基础上加以改进，并发明了表达数字的1，2，3，4，5，6，7，8，9，0十个符号，这就成为我们今天记数的基础。8世纪印度出现了有零的符号的最老的刻版记录。当时称零为首那。公元500年前后，随着经济、文化以及佛教的兴起和发展，印度次大陆西北部的旁遮普地区的数学一直处于领先地位。天文学家阿叶彼海特在简化数字方面有了新的突破：他把数字记在一个个格子里，如果第一格里有一个符号，比如是一个代表1的圆点，那么第二格里的同样圆点就表示十，而第三格里的圆点就代表一百。这样，不仅是数字符号本身，而且是它们所在的位置次序也同样拥有了重要意义。以后，印度的学者又引出了作为零的符号。可以这么说，这些符号和表示方法是今天阿拉伯数字的老祖先了。

　　200年后，团结在伊斯兰教下的阿拉伯人征服了周围的民族，建立了东起印度，西从非洲到西班牙的撒拉孙大帝国。后来，这个伊斯兰大帝国分裂成东、西两个国家。由于这两个国家的各代君王都奖励文化和艺术，所以两国的首都都非常繁荣，而其中特别繁华的是东都——巴格达，西来的希腊文化，东来的印度文化都汇集到这里来了。阿拉伯人将两种文化理解消化，从而创造了独特的阿拉伯文化。

大约公元700年前后，阿拉伯人征服了旁遮普地区，他们吃惊地发现：被征服地区的数学比他们先进。用什么方法可以将这些先进的数学也搬到阿拉伯去呢？771年，印度北部的数学家被抓到了阿拉伯的巴格达，被迫给当地人传授新的数学符号和体系，以及印度式的计算方法（即我们现在用的计算方法）。由于印度数字和印度计数法既简单又方便，其优点远远超过了其他的计算方法，阿拉伯的学者们很愿意学习这些先进知识，商人们也乐于采用这种方法去做生意。

后来，阿拉伯人把这种数字传入西班牙。公元10世纪，又由教皇热尔贝·奥里亚克传到欧洲其他国家。公元1200年左右，欧洲的学者正式采用了这些符号和体系。至13世纪，在意大利比萨的数学家斐波那契的倡导下，普通欧洲人也开始采用阿拉伯数字，15世纪时这种现象已相当普遍。那时的阿拉伯数字的形状与现代的阿拉伯数字尚不完全相同，只是比较接近而已，为使它们变成今天的1、2、3、4、5、6、7、8、9、0的书写方式，又有许多数学家花费了不少心血。阿拉伯数字起源于印度，但却是经由阿拉伯人传向四方的，这就是它们后来被称为阿拉伯数字的原因。

数学符号的由来

　　最早出现的是"+"号和"-"号。500多年前，德国数学家魏德曼，在横线上加了一竖，表示增加的意思。相反，在加号上去掉一竖，就表示减少的意思。然而这两个符号被大家公认，就要从荷兰数学家褐伊克1514年正式应用它们开始。还有一种说法认为，"+"号是由拉丁文"et"（"和"的意思）演变而来的。16世纪，意大利科学家塔塔里亚用意大利文"più"（加的意思）的第一个字母表示加，草写为"μ"，最后都变成了"+"号。"-"号是从拉丁文"minus"（"减"的意思）演变来的，简写m，再省略掉字母，就成了"-"了。

　　也有人说，卖酒的商人用"-"表示酒桶里的酒卖了多少，当把新酒灌入大桶的时候，就在"-"上加一竖，意思是把原线条勾销，这样就成了个"+"号。

　　"×"号曾经用过十几种，现在通用两种。一种是"×"，由300多年前英国数学家奥屈特最早提出。到了18世纪，美国数学家欧德莱确定把"×"作为乘号，他认为"×"是把"+"斜起来写，意思是表示增加的另一种方式。乘号的另一种表示法是"·"，由英国数学家赫锐奥特首创。德国数学家莱布尼兹认为："×"号像拉丁字母"X"，加以反对，而赞成用"·"号。他自己还提出用"⌒"表示相乘，可是这个符号现在应用到集合论中去了。

　　"÷"号最初并不表示除，而是作为减号在欧洲大陆长期流行。18世纪时，瑞士人哈纳在他所著的《代数学》里最先提到了除号，它的含义是表示分解的意思，"用一根横线把两个圆点分开来。表示分成几份的意思。""÷"作为除号的身份被正式承认。

数学小笑话

1. 四舍五入

仔仔兴高采烈地从学校里回来，问妈妈："爸爸呢？"妈妈看到仔仔兴奋的样子，奇怪地问："爸爸在家，你找爸爸做什么？""我向爸爸要5角钱。"

"为什么？"妈妈问道。

"在考数学以前，爸爸对我说'如果考了100分，就给我1元钱，考80分给8角。'今天，我数学考了45分。"仔仔回答说。

妈妈吃惊地问："什么！数学才考45分？"

仔仔得意地说："是呀，数学上要四舍五入，因此，爸爸必须付5角钱。"

2. 乘法分配律

老师发现一个学生在作业本上的姓名是：木（1+2+3）。老师问："这是谁的作业本？"一个学生站起来："是我的！"老师："你叫什么名字？"学生："木林森！"老师："那你怎么把名字写成这样呢？"学生："我用的是乘法分配律！"

3. 数字是不会骗人的

"数字是不会骗人的，"老师说："一座房子，如果一个人要花上十二天盖好，十二个人就只要一天。二百八十八人只要一小时就够了。"

一个学生接着说："一万七千二百八十人只要一分钟，一百零三万六千八百人只要一秒钟。此外，如果一艘轮船横渡大西洋要六天，六艘轮船只要一天就够了。四杯25℃的水加在一起就变开水了！数字是不会骗人的！"

4. 作文成绩

语文作文课上，老师布置了一篇500字的作文。下课铃响了，一学生发现自己只写了250字，灵机一动，在文章最后一行写了"上述内容×2"。几天后，作文本发下来了，在成绩的位置上赫然出现"80÷2"。

5. 0的本领

有一次，9 轻蔑地对 0 说："你旳本领，只有 0 。"

0 低着头，恭敬回答说："我承认。您真使我钦佩，因为，你的本领，是我的一万倍（即 0 ×10000）。"

9 愚蠢得意地昂首阔步。不过，却引来其他数字哈哈大笑。

6. 十一点半

上午第四节课，A生肚子饿，无心听课，坐在位置上呆呆地想着牛肉、面包。数学老师发现他走神，便提问他："1.130小数向右移动一位，将会怎么样？"

A生毫不犹豫地回答："将会开午饭！"

7. 概率

我去参观气象站，看到许多预测天气的最新仪器。参观完毕，我问站长："你说有百分之七十五的概率下雨时，是怎样计算出来的？"站长没有多想便答道："那就是说，我们这里有四个人，其中三个认为会下雨。"

8. 左右分开

老师出了一道题：8÷2=?

随后问大家："8分为两半等于几?"

皮皮回答："等于0!"

老师说："怎么会呢?"

皮皮解释："上下分开!"

丁丁说道："不对，等于耳朵！"

老师："哦？"

丁丁回答："左右分开呗！"

9. 去学习

一学生把硬币抛向空中："正面朝上就去看电视，背面朝上就去打游戏，如果硬币立起来，我就去学习。"

10. 关于时间的问题

在一堂数学课上，老师问学生们："谁能出一道关于时间的问题？"

话音刚落，有一个学生举手站起来问："老师，什么时候放学？"

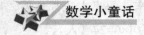

数学小童话

一共多少人

亲爱的小朋友，欢迎你走进数学乐园，聆听故事！

今天是小猴的生日，他的好朋友们一大早就送来了生日蛋糕为他庆祝生日。聊天时想起了小象，小象乐于助人，谁家有事他都愿意帮忙，最近他忙着盖房子累病了，所以大家一致赞成帮助小象一起盖房子。

大家一直忙到中午才把房子盖好，小猴回家取来了生日蛋糕与大家共进午餐。大伙儿分桌坐好，共有五桌，前四桌每桌有5个小伙伴，最后一桌只有4个小伙伴。见此情形，叮当猫对大家说："各位好朋友，谁知道我们这儿一共有多少人？"

大家认真思考起来。不一会儿，只见笨笨狮站起来对大家说："把每桌的人数直接加起来就能算出总人数了，即5+5+5+5+4=24（人）。"

笨笨狮的话音刚落，嘟嘟熊就站起来说："我的方法要简单些，我先用乘法算出前四桌的人数，然后加上最后一桌的人数，即5×4+4=24（人）。"

红袋鼠接着说："我把最后一桌也当作5人来算，这样共有5×5=25（人），实际最后一桌只有4人，按5人算就多算了1人，只要把这多算了的1人减去就行了，即25-1=24（人）。"

红袋鼠说完后，看大家都没有要发言的意思，这时机灵兔不慌不忙地站起来说："我想到了一种更简单的算法：4×（5+1）=4×6=24（人）。"大家听了机灵兔的算法，都觉得好像是对的，可是又说不清楚原因，都满脸疑惑地看着机灵兔，齐声问他："你是怎么想的？"

机灵兔说："假设我从每桌分一个人出来，那么四桌每桌有4人，都与第五桌的人数同样多。前四桌共分出 4 人又可以再坐一桌了。这样一来，每桌人数都相等，都是 4 人，原来有 5 桌，现在有 5+1=6（桌）了。那么总人数为 4×6=24（人）。"

机灵兔的话刚一说完，全场就响起了热烈的掌声。这真是一个好方法啊！大家都夸机灵兔爱动脑筋。

智救母亲

从前有一个"小不点"，刚七岁，母亲生了一场怪病，变成了植物人。小不点四处求医，无人能治。他听说有一个智慧老人——老顽童博学多才，就病急乱投医。到处寻找，终于在一间破旧的茅草房中找到老顽童。在小不点苦苦哀求下，老顽童望望远方，将将又长又白的胡须说："你的母亲的魂灵被魔鬼拘去了，这个魔鬼有点特别，喜欢数学题，你只要能做出他出的数学题，你就能救出你的母亲了。"小不点刚读一年级，特头痛数学题，枯燥的计算，一张练习纸，光是 13＋25 就要叫你算四五遍，烦极了。可一想到妈妈，只好请老顽童教数学。谁料老顽童讲解数学十分有趣，点拨非常巧妙，小不点和其他儿童一起在一个又一个游戏中悄悄地提高了数学水平。

一年光阴如流水，小不点已八岁。一天，老顽童望着思维敏捷、双眼炯炯有神的小不点笑着说："成了！你可以去救你母亲了。"说着给小不点穿上一件披风，向他指引了路线。小不点谢过老顽童，沿着指引的方向前进。说也奇怪，披风使他日行千里。不日来到大海边，小不点把披风铺在水面，他双脚踏在披风上，顷刻如离弦之箭飞驶而去。三天后到了一个海岛。只见岛上奇峰怪石，珍花异草，美不胜收。小不点无心观赏这样的蓬莱仙境，赶紧往一座高山奔去。他爬爬跌跌，浑身都是血，终于爬上了山顶，只见前面有一个山洞，大门上有九个方格。小不点举起小拳头在大门上擂起来，"老爷爷，快开门！"只见大门上映出几行字："现在有 1、2、3、4、5、6、7、8、9 九个数字，请填入正方形的九个方格内，使横、竖、斜各条线上的三个数字的和相等。"小不点以为这个题很简单，但是随便填写总是不对。小不点又饿又累，躺倒在地。忽然，耳边响起妈妈的声音："孩子，快来救妈妈……"他立即支撑起来，在方格内又试着填数字，反复琢磨，"有了！"他填出了答案，大门"呀"一声打开了，洞中走出一个又高又大的魔鬼，拍拍小不点："真乖！我陪你进去见妈妈吧！"小不点背着妈妈的魂灵走出山洞，魔鬼老爷爷把他的披风铺在地上，叫小不点站在上面，说声"飞"，小不点和他妈妈的魂灵就飞起来了。小不点回首谢谢老爷爷，就朝家乡飞去。大海、高山、陆地、河流、房屋、树木在脚下逝去，不久就见到了家门。

小不点一放下妈妈的魂灵，床上躺了一年的妈妈睁开了双眼，坐起身来，望了望小不点，诧异地说："小不点，你怎么变成小伙子了？"小不点热泪盈眶，扑在妈妈的怀里，"妈妈……"

谁偷的鸡？

鸡妈妈昨天夜里丢了两只小鸡崽。孩子丢了，做妈妈的怎么能不伤心？鸡妈妈一大早就坐在屋前哭诉。山羊、猴子、小熊等许多动物都来安慰鸡妈妈，瘸腿狐狸也一拐一拐地走来了。

狐狸伸了伸懒腰，打了一个长长的哈欠，说："我睡得正香，谁一大早就大哭大闹的？吵得人家睡不好觉。"

小熊一把揪住瘸腿狐狸，问："昨天夜里是不是你偷吃了鸡宝宝？"

瘸腿狐狸一翻白眼说："说话客气点！你说我偷吃了鸡宝宝，有什么证据？"

"这……"小熊傻眼了。

鸡妈妈从怀里拿出一张纸条，说："昨天夜里，那个该死的强盗，还在门上留了一张纸条。"

老山羊接过纸条一看，只见上面写着：

母鸡女士：

我实在太饿了，借你的两只鸡崽充饥。

瘸腿狐狸说："凶手找到了！你们看最下面的两个字：'狼'和'引'，这明明是说'引狼入室'嘛！"

小熊说："狐狸说得有理，狼是十分凶残的！"

山羊摇摇头说："不对。凶手留下了两个密码——1232和1243。这两个密码与表上'狼'和'引'的数码不一致嘛！"

瘸腿狐狸立刻改口说："那就是猪，'猪'字上面的数码是1234，这与1243差不多。"

猴子仔细看了看表，说："表上没有1232和1243这两个数码。但是，表上的每个字都是由左右两部分组成，每一部分都对应着一个两位数。"

山羊一捋胡子说："猴子说得有理。从表上看12对应着的是'犭'，而32对应着的是'瓜'。"

小熊明白了。他说："1232应该对着'狐'字，1243应该对着'狸'字，合在一起是'狐狸'呀！"

大家把目光一齐投向瘸腿狐狸。

狐狸全身一哆嗦，他小声说："没想到，你们还真能破译这个数字谜。"

小熊一把揪住瘸腿狐狸的衣领，问："咱们怎么处治这个坏蛋？"

大家一齐喊道："打这个坏蛋！"

瘸腿狐狸问："你们事先要说好打我多少下。"

猴子在地下写出：

$1-2+3-4+5-6+7-8+9-10+11$

猴子说："打你这么多下，限你10秒钟算出来！"

狐狸被这加加减减一下子弄懵了，他哆哆嗦嗦地说："少来几下，少来几下……"小猴列了一个算式：

$1-2+3-4+5-6+7-8+9-10+11=（11-10）+（9-8）+（7-6）+（5-4）+（3-2）+1=6$

"6下少不了！"小熊气呼呼地说。狐狸傻了。

听听故事，是否让你眼界大开！

快乐猜猜看

巧联系　猜成语

下面的每一题都是一个成语，你能猜出来吗？

（1）1，2，5，6，7，8……；

（2）〔〕；

（3）5，10；

（4）9寸

（5）7÷2；

（6）2×5=10；

（7）1，2，4，3，5，6……；

（8）3333……5555……

刚开始一看，你会觉得无从下手，可仔细想想、巧联系，一下子就会豁然开朗。

（1）从题目中可以看出，这是一个自然数组成的数列，而且是按从小到大的顺序排列的，但是在2和5之间没有3和4，所以谜底是：丢三落四。

（2）这是一对中括号，从形状看，像是两把弓，所以谜底是：左右开弓。

（3）这道题有一个5，一个10，谜底是：一五一十。

（4）我们知道10寸就是1尺，所以9寸的谜底是：得寸进尺。

（5）因为3＜7÷2＜4，所以谜底是：不三不四。

（6）因为2×5等于10，所以这道题的谜底是：以一当十。

（7）这道题是按照从小到大排序的自然数列，但4和3位置要交换一下。所以谜底是：颠三倒四。

（8）这道题里有四个3和四个5，所以谜底是：三五成群。

小猫分水果

四只小猫笑嘻嘻，
看着桌上桃和梨。
梨儿每猫分九个，
桌上还剩三个梨。
桃儿每猫分七个，
有只猫儿少一个桃。
多少桃儿？多少梨？
小朋友来算仔细。

算飞鸽

空中飞来一群鸽，
飞到我家屋顶落。
落下一半又一只，
刚好落下八只鸽。
请你认真算一算，
一共飞来几只鸽？
你若很快说答案，
全家一起乐呵呵！

参考答案：小猫分水果：梨39个，桃27个；算飞鸽：14只

竞赛加油站

二年级上册趣味数学竞赛试题

一、火眼金睛，数学高速路。把正确答案前面的序号填在括号里。

1. 一个星期你在学校上学（　　）天，在家（　　）天。

A. 2 　　　　　　　　B. 7 　　　　　　　　C. 5

2. 5只小鸟和4只小白兔共有（　　）只脚。

A. 9 　　　　　　　　B. 26 　　　　　　　　C. 18

3. 一些笔平均分给8个同学刚好分完，最少有（　　）支笔。

A. 8 　　　　　　　　B. 16 　　　　　　　　C. 9

4. 有12个小朋友一起玩"猫捉老鼠"的游戏，已经捉住了7人，还要捉（　　）人。

A. 5 　　　　　　　　B. 19 　　　　　　　　C. 4

5. 一只手有5个手指，那么两个人共有（　　）多少个手指。

A. 5 　　　　　　　　B. 10 　　　　　　　　C. 20

6. 4只猫4天抓4只老鼠，那么要在8天里抓8只老鼠需要（　　）只猫。

A. 4 　　　　　　　　B. 8 　　　　　　　　C. 12

7. 用6根火柴，最多可以搭（　　）个一样的三角形。

A. 4 　　　　　　　　B. 6 　　　　　　　　C. 9

8. 今年妈妈比小力大26岁，10年后，妈妈比小力大（　　）岁。

A. 16 　　　　　　　　B. 10 　　　　　　　　C. 26

二、填空小行家，按规律填数。

(1) 1，2，4，7，11，（　　），（　　），（　　）。

(2) 1，2，3，5，8，13，（　　），（　　），（　　）。

(3) 1，4，9，16，（　　），36，（　　），（　　）。

(4) 20，1，18，2，16，4，14，7，（　　），（　　），（　　），16。

三、巧思妙解，生活万花筒。

1. 二（1）班有25名同学坐在一起看电视，一条长凳可以坐3个人。需要几条长凳呢？

2. 小明从家到学校要走50米，一天早上他从家出发去上学。走了20米后发现忘记带文具盒，于是回家取了文具盒然后去学校，小明一共走了多少米？

3. 体育课上，30个同学排成一横队，依次报数后老师说："1—10号向前走一步，20—30号向后退一步。"那么还有多少个同学原地不动？

参考答案：一、1.B. A；2. B；3. A；4. C；5. C；6. A；

7. A；8. C

二、(1) 16、22、29；(2) 21、34、55；

(3) 25、49、64；(4) 12、11、10

三、1. 25÷3=8（条）……1（人）

8+1=9（条）

2. 20+20+50=90（米）

3. 30-10-11=9（人）

数学万花筒

数学家的故事（三）
—— 熊庆来

亲爱的小朋友，欢迎你走进数学乐园，聆听故事！

熊庆来（1893—1969）是云南弥勒县人，中国现代数学的先驱，为中国数学事业的发展做出了杰出贡献。

熊庆来的父亲熊国栋，精通儒学，但更喜欢新学，思想很开明，对熊庆来的影响很大。少年时的熊庆来从他父亲那里常听到有关孙中山民主革命的事情，这在幼年熊庆来的心田播下了爱国的种子。

1907年，熊庆来考入昆明的云南方言学堂，不久又升入云南高等学堂。当时满清王朝已日薄西山，各地的反清斗争风起云涌，抗捐、抗税、罢课、罢市、兵变遍及全国，清政府陷入风雨飘摇之中。熊庆来由于参加了"收回矿山开采权"的抗法反清的示威游行而遭到学校的记过处分。现实的生活与斗争使熊庆来认识到："要使国家富强，必须掌握科学，科学能强国富民。"

1913年，熊庆来赴欧留学。1914年，第一次世界大战爆发，他从比利时经荷兰、英国，辗转到了法国巴黎。8年间先后获得高等数学、力学及天文学等多科证书，并获得理学硕士学位。1921年，28岁的熊庆来学成归国，一心想学以致用，救民于水火。1949年6月，国民党反动政府趁熊庆来去巴黎参加国际会议的机会，解散了熊庆来苦心经营12年的云南大学。年近花甲的熊庆来怀着"壮志难酬，报国无门"的心情，决定滞留在法国继续从事函数论的研究。

"……祖国欢迎你，人民欢迎你！欢迎你回来参加社会主义建设的伟大事业……"1957年4月，周总理给熊庆来写信，动员他回国。同年6月，熊庆来在完成了《函数论》专著稿后，毅然启程，回到了祖国的怀抱。他表示，愿在社会主义的光芒中鞠躬尽瘁于祖国的学术建设事业。在回国后的7年中，他在国内外学术杂志上发表了近20篇具有世界水平的数学论文。还培养了杨乐、张广厚等一批数学人才，为祖国赢得了荣誉，表现了这位七旬老人热爱祖国的赤子之心。

1969年，一代宗师、著名数学家熊庆来先生与世长辞。临终之前他还表示为人民鞠躬尽瘁，死而后已。

数学家的故事（四）

——祖冲之

祖冲之（公元429—500年）是我国南北朝时期，河北省涞源县人。他从小就阅读了许多天文、数学方面的书籍，勤奋好学，刻苦实践，终于使他成为我国古代杰出的数学家、天文学家。

祖冲之在数学上的杰出成就，是关于圆周率的计算。秦汉以前，人们以"径一周三"作为圆周率，这就是"古率"。后来发现古率误差太大，圆周率应是"圆径一而周三有余"，不过究竟余多少，意见不一。直到三国时期，刘徽提出了计算圆周率的科学方法——"割圆术"，用圆内接正多边形的周长来逼近圆周长。刘徽计算到圆内接96边形，求得 π=3.14，并指出，内接正多边形的边数越多，所求得的 π 值越精确。祖冲之在前人成就的基础上，经过刻苦钻研，反复演算，求出 π 在 3.1415926 与 3.1415927 之间。并得出了 π 分数形式的近似值，取 22/7 为约率，取 335/113 为密率，其中取六位小数是 3.141929，它是分子分母在 1000 以内最接近 π 值的分数。祖冲之究竟用什么方法得出这一结果，现在无从考证。若设想他按刘徽的"割圆术"方法去求的话，就要计算到圆内接 16 384 边形，这需要花费多少时间和付出多么巨大的劳动啊！

由此可见他在治学上的顽强毅力和聪明才智是令人钦佩的。祖冲之计算得出的密率，外国数学家获得同样结果，已是一千多年以后的事了。为了纪念祖冲之的杰出贡献，有些外国数学史家建议把 π 叫作"祖率"。

祖冲之博览当时的名家经典，坚持实事求是，他从亲自测量计算的大量资料中对比分析，发现过去的历法存在严重误差，并勇于改进，在他 33 岁时成功地编制了《大明历》，开辟了历法史的新纪元。

祖冲之还与他的儿子祖暅（也是我国著名的数学家）一起，用巧妙的方法解决了球体体积的计算。他们当时采用的一条原理是："幂势既同，则积不容异。" 意即，位于两平行平面之间的两个立体，被任一平行于这两平面的平面所截，如果两个截面的面积恒相等，则这两个立体的体积相等。这一原理，在西方被称为卡瓦列利原理，但这是在祖氏以后一千多年才由卡氏发现的。为了纪念祖氏父子发现这一原理的重大贡献，大家也称这一原理为"祖暅原理"。

乘法口诀的由来

　　九九歌就是我们现在使用的乘法口诀。远在公元前的春秋战国时代，九九歌就已经被人们广泛使用。在《荀子》《管子》《淮南子》《战国策》等书中就能找到"三九二十七""六八四十八""四八三十二""六六三十六"等句子。最初的九九歌是从"九九八十一"起到"二二得四"止，共36句。因为是从"九九八十一"开始，所以取名"九九歌"。大约在公元5—10世纪间，九九歌才扩充到"一一得一"。大约在公元13—14世纪，九九歌的顺序才变成和现在所用的一样，从"一一得一"起到"九九八十一"止。关于九九歌，汉代燕人韩婴的《韩诗外传》中记载了这样一段故事：

　　春秋时期，齐桓公设立招贤馆征集各方面的人才，等了很久，一直没有人来应征。过了一年后才来了一个老百姓，他把九九歌献给齐桓公。齐桓公觉得很可笑，就说："九九歌也能拿出来表示才学吗？"这个人回答说："九九歌确实算不上什么才学，但是您如果对我这个只懂得九九歌的老百姓都能重礼相待的话，那么还怕比我高明的人才不会接连而来吗？"齐桓公觉得这话很有道理，就把他接进了招贤馆。果然不到一个月，四面八方的贤士都接踵而至了。

　　不知道小朋友们有没有注意到，当我们开始学习乘法口诀得意地向自己的家人表演时，我们的爷爷奶奶可能会问："乖孩子，你们学习的是大九九还是小九九呀？给大家背一背听听。"有的小朋友可能会好奇地问："什么是小九九？什么是大九九？小九九与大九九之间有什么区别和联系呢？"

　　现在我们学习的小学数学教材里使用的乘法口诀是45句的，就是平常所说的"小九九"。它是从"一一得一"开始，到"九九八十一"为止。它的特点是，在每句口诀里表示相乘的两个数，第一个数总是不大于第二个数，遇到相乘的两个数相同时，该数的口诀就结束了。例如：5 的乘法口诀，一五得五，二五一十，三五一十五，四五二十，五五二十五，至于五六三十，这五句都是在 6 的乘法口诀里。五七三十五呢？则在 7 的乘法口诀里。还有一种口诀是 81 句的乘法口诀，它的特点是，不管哪个数的乘法口诀，都是从 1 到 9。例如：5 的乘法口诀，一五得五，二五一十，三五一十五，四五二十，五五二十五，六五三十，七五三十五，八五四十，九五四十五。人们就把这种口诀称为"大九九"。"小九九"只有 45 句，便于记忆；而"大九九"呢，共有 81 句，便于试商。

"米"的来历

早在 1792 年，法国国民议会决定建立新的长度单位，这个新的长度单位要与地球椭球子午线弧长发生联系。为此，从 1792 年至 1797 年进行了弧度测量，计算了 1800 年德兰勃尔椭球，取其子午圈长度的四千分之一作为长度单位，称为 1米。1872 年在巴黎召开的世界长度会议上决定，制造 31 支"米原型尺"，每支尺都编了号。除了 No.6 号为国际原尺外，其他的都以国际原型尺为标准，精密检定，求出长度，分发各国保存，作为长度单位的标准。我国因未加入国际度量衡协会，没有获得米原型尺。这种实物"米"定义为"1 米是 No.6'米原型尺'在冰熔点温度时两刻划线间的距离。"其缺点是：难以复现，容易损坏；随时间有缓慢变化；精度不够高，仅 $1\times10^{-6}\sim2\times10^{-6}$；少数国家有，满足不了大多数国家长度传递的要求。因此，实物米需用自然米来代替。

1960 年第 11 届国际计量大会通过了光波米的定义，第二次"米"的定义为"氪-86 原子的 $2p^{10}$ 和 $5d^5$ 能级之间跃迁辐射在真空中波长的 1650 763.73 倍为 1米。"氪-86 谱线轮廓稍微有些不对称，光波米在实验室复现精度为 4×10^{-9}。

1983 年第 17 届国际计量会议上通过了第三次光速米的定义，"1 米是光在真空中 299 792 458 分之一秒时间内所传播的距离"。

用子午圈弧长来制定长度单位，在中国早已采用。清康熙四十三年（1702年），规定子午圈1°弧长为200里，1里分1800尺，即1尺等于0.01″子午圈弧长。

1984年我国国务院颁布的《中华人民共和国法定计量单位》规定，从1990年起，长度单位一律采用国际单位制的单位名称米，取消日常生活中长期沿用的市制计量单位市尺。

数学小笑话

1.加法的妙用

从前有个不学无术的富家子弟，有一次，父母出远门去办事，把他交给厨师照看。厨师问他："我每天三餐每顿给你做两个馒头，够吗？"他哭丧着脸说："不够，不够！"厨师又问："那我就一天给你吃六个，怎么样？"他马上欣喜地说："够了！够了！"

2.比大小

儿子问爸爸："1和20，哪个数大？"爸爸道："自然是20大。"儿子道："那么，我考试成绩是20名，不是比第1名好吗？"

3.9999根头发

老师："我给同学们出两个题目，谁只要回答出第一个问题，就不要求他回答第二个问题了。现在我问第一个问题：谁知道自己有多少根头发？"

小丽："我知道，我有9999根头发。"教师："你是怎么知道的？"小丽："老师，这是第二个问题了，你不能要求我回答了。"

4. 100分

期末考试后，小亮回家说："这回两门考了100分。"爸爸妈妈听后都很高兴。小亮接着说："是两门加起来100分。"爸爸听了扬手就要打，妈妈劝住说："语文就算得了40分，算术总该60分吧，总还有一门及格嘛！"小亮委屈地说："妈，不是那么算法！语文是100分，算术0分，加在一块不正好是100分吗？"

5. 数数

儿子今年三岁，已懂得从一数到十，也知道五比一大；我也随时找机会教他，问他小狗小猫哪个大。有一次，我左手拿一块巧克力，右手拿两块巧克力，问他："哪一边比较多？"儿子不回答，我耐心地继续追问，儿子突然放声大哭，说："两边都很少啊！"

6. 减法

数学课上，教师对一位学生说："你怎么连减法都不会？例如，你家里有十个苹果，被你吃了四个，结果是多少呢？"这个学生沮丧地说道："结果是挨了十下屁股！"

7. 测谎器

爸爸有一个测谎器，他问儿子："你今天数学成绩如何呢？"儿子答道："90分。"测谎器响了。儿子又改说："70分。"测谎器还是响了。爸爸很生气地叫道："我以前都是90分以上。"这时，测谎器没有响却翻倒了。

8. 算术题的奖励

妈妈："算算这道题得数是多少？"儿子："是5。"妈妈："真聪明，这么快就算出来了。给你5分钱去买冰棍。"儿子："妈妈，你再出一道得数是100的题吧！"

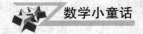 **数学小童话**

扯断的珍珠项链

亲爱的小朋友，欢迎你走进数学乐园，聆听故事！

昨天是小白兔的生日，山羊阿姨送给它一串美丽的珍珠项链。小白兔非常喜欢这串项链，刚拿到项链的时候，小白兔把它捧在手里，一粒珍珠一粒珍珠地摸了个遍。

今天，小白兔得意扬扬地戴着珍珠项链来到了学校，刚走进教室，小松鼠就嚷了起来："哇！好漂亮的珍珠项链啊！"其他的小动物见了，立刻围过来，羡慕地说："我们从来没有见过这么漂亮的珍珠项链呢。"小狐狸则伸手抓住项链摸了起来。

"别摸！"小白兔边说，边往后退，没想到珍珠项链就这样被扯断了，还好小松鼠眼疾手快，捂住项链断掉的头，珍珠只掉了5颗。

"哇——"小白兔一下子哭了起来。"别哭，别哭，我来帮你修，只要把这5颗珍珠穿上去，再打个小小的结就好了，肯定会和原来一样的。"小浣熊安慰小白兔说。

可是，这珍珠项链该按着怎样的顺序穿呢？大伙儿看着断裂的项链和旁边的5颗珍珠（如图），一下子犯了难。

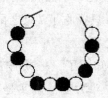

这时爱动脑筋的小绵羊说："我有办法了。大家发现没有，这串珍珠是按照一颗白珍珠一颗黑珍珠这样的规律间隔着穿起来的。"经小绵羊这么一提醒，大家立刻都明白了："对啊，现在断裂处是白珍珠，那接下来应该穿黑珍珠才是啊。"

在大家的帮助下，小白兔的珍珠项链终于修好了（如图），小白兔擦着哭红的眼睛，笑了。

猫伯伯的难题

一天，猫伯伯愁眉苦脸地拿着一张纸走在路上，这时，小猴和小熊走在回家的路上，看见猫伯伯皱着眉头，便走上前去问："猫伯伯，您怎么了？"

"这几天，有一个难题一直困扰着我，你们俩来帮帮我吧，谁先想出来就可以到我家吃香蕉。""好！""这是我祖先的丰功伟绩。"

7　7×7　7×7×7　7×7×7×7　7×7×7×7×7

想了一会儿，小熊和小猴一起说："上面讲了：从前有7座房子，每座房子里有7只猫，每只猫吃了7只老鼠，每只老鼠吃了7穗儿大麦，每穗儿大麦种子可以长出7斗大麦。"

"噢，我知道了，一共有7×7=49只猫，吃了7×7×7=343只老鼠，保护了7×7×7×7×7=16807斗大麦！确实是我们家族的丰功伟绩呀！来，既然你们俩是一块儿回答出来的，就都到我家吃香蕉吧！"

到了猫伯伯家，他说："吃香蕉也不能白吃，这样吧！我出题考考你们。我把这个香蕉放在离你们100米的地方，从你们脚踩的地方出发，先前进10米，再退回到原地，再前进20米，再退回到原地，这样一直走下去，走多少米才能拿到这个香蕉？"

小熊想也没想就说："我走一段路，就回到原地，这样一直走下去不是永远也拿不到香蕉吗？"

小猴眼睛一转，想了想，说："我第一次前进10米，退回原处，第二次前进20米，退回原处。按这样算下来，我第十次前进100米就能拿到香蕉了。"小猴边说边写，"我一共走了 $10×2+20×2+\cdots\cdots+90×2+100=20+40+\cdots\cdots+180+100=1000$（米）。哦，我只要走1000米就可以拿到香蕉。"

猫伯伯笑着说："呵呵……小猴，你这么聪明，长大了肯定是个数学家。"

小猴吃着香蕉，高兴地笑了，他想：自己劳动得来的吃着就是香。

小朋友，你们听懂了吗？

八戒卖醋

八戒开了一家副食小店。一天，师侄小猕猴来为家里打一斤醋。小猕猴来到师叔的小店，喊道："师叔，打醋！"

八戒问小猕猴打多少醋。小猕猴说："不多，就打一两。"

八戒吃惊地问道："打一两醋干啥？"小猕猴说："当然是吃呗！"八戒又问："一两够吗？"小猕猴说："不够，再打一两吧！"

八戒又问："二两也不多呀？"小猕猴说："那再打一两吧。"八戒又打了一两。小猕猴说："还打一两，再打一两……"这样，小猕猴共计打了十两醋，也就是一斤醋。

八戒打完醋，说："共计1斤醋，8角4分钱。"小猕猴不慌不忙地掏出8角钱给了师叔八戒。八戒接过钱，说："不要耍赖，还差4分钱呢！"小猕猴问："师叔，打1两醋多少钱？"

八戒说："1两醋当然是8分4厘，4厘钱就舍去。收8分钱。"小猕猴说："这么说来，1两醋就是8分钱了。"八戒说："那当然。"小猕猴又说："10两醋就是8角钱了！"

八戒说："算得正确。"小猕猴说："我给了你8角钱，你怎么说还差4分钱呢？"八戒无言以对，只好又亏了4分钱，望着小猕猴提着醋走了。

快乐猜猜看

同学们，在这里，向你展示了一个更加奇妙的数学世界，"数学谜语竞猜"活动，让你畅游在知识与艺术结合的多彩世界！

第一类：猜数学名词

1. 5、4、3、2、1
2. 再见吧，妈妈
3. 看谁力量大
4. 全部消灭
5. 考试作弊
6. 员

第二类：猜成语

1. 1×1
2. 3/4
3. 7/8
4. 3.4

第三类：猜汉字

1. 30天÷2
2. 72小时
3. 24小时
4. 左边九加九，右边九十九
5. 99
6. 2×5+2×5/2×4

谜底： 第一类：1.倒数；2.分母；3.比例；4.除尽；5.假分数；6.圆心

第二类：1.一成不变；2.不三不四；3.七上八下；4.不三不四

第三类：1.胖；2.晶；3.日；4.柏；5.白；6.卅

趣题大本营

巧算24点

在1～10这10个数字中任意选取四个数，运用+、−、×、÷四则运算，有时还需要加上括号，使最后的得数是24，这就是24点游戏。这是一个很好的发展智力、培养能力的游戏，它需要有敏捷的思维、灵活的计算技巧。

首先来介绍一下组合情况：

第一种组合：4个数字相同。如：3，3，3，3　　3×3×3−3=24

第二种组合：4个数字两两相同。如：5，5，7，7　　5+5+7+7=24

第三种组合：4个数字是连续自然数。如：1，2，3，4　　（1+2+3）×4=24

第四种组合：4个数字中有两个数字相同，两个数字不相同。如：

2，2，5，6　　　（5−2÷2）×6=24

第五种组合：4个数字都不相同。如：2，5，6，7　　　（7−5）×2×6=24

聪明的小朋友，开动脑筋，你也不妨试一试，巧算24点！

1. 2，4，8，9

2. 3，4，5，6

3. 2，5，8，8

4. 6，6，6，6

5. 2，2，5，5

6. 5，6，6，6

二年级下册趣味数学竞赛试题

一、火眼金睛，数学高速路。把正确答案前面的序号填在括号里。

1. 两个父亲和两个儿子，每人买一本书，最少买（   ）本。

A. 4   B. 3   C. 2

2. 一根绳子两个头，三根半绳子有（   ）个头。

A. 2   B. 6   C. 8

3. 3匹马拉着一辆车跑了15千米，1匹马拉着一辆车跑了（   ）千米。

A. 5   B. 15   C. 3

4. 一幢住宅楼，爷爷从一楼走到三楼要6分钟，现在要到6楼，要走（   ）分钟。

A. 6   B. 15   C. 18

5. 满满一杯牛奶，小明先喝了半杯，然后添水加满，之后再喝半杯，再一次添水加满，最后把它全部喝完，请问小明一共喝了（   ）杯牛奶。

A. 1   B. 2   C. 3

6. 时钟2点钟敲2下，2秒敲完，5点钟敲5下，（   ）秒敲完。

A. 3   B. 4   C. 8

7. 在圆形的花坛上放了10盆花，每两盆花相隔1米，花坛一圈长（   ）米。

A. 9   B. 10   C. 20

8. 小明和小东每人有20块糖，小东给了小明7块糖后，小明比小东多（   ）块糖。

A. 7   B. 14   C. 27

二、填空小行家

1. 将0～9这十个数字填入□内，每个数只用一次，使等式成立。

$$□+□=□+□=□+□=□+□=□+□$$

2. 将4、5、6、7、8、9这6个数字填入下面的方框中，使三个两位数的和正好等于210。

$$□□+□□+□□=210$$

三、巧思妙解，生活万花筒。

1. 一盒纽扣共56颗，钉一套校服的上衣需要5颗，裤子需要2颗，问够钉多少套校服？

2. 一个商店有这样一条规定，1元钱可以喝一瓶汽水，喝完后2个空瓶可以换一瓶新的汽水，3元钱最多可以喝到多少瓶汽水？

3. 有一家里兄妹四个，他们4个人的年龄乘起来正好是14，你知道他们分别是多少岁吗？（当然在这里岁数都是整数。）

参考答案：一、1.B；2.C；3.B；4.B；5.A；6.C；

7.B；8.B

二、（1）0+9；1+8；2+7；3+6；4+5；

（2）45+76+89；

三、1. 56÷(5+2)=8（套）

2. 3+1+1=5（瓶）

3. 1岁、1岁、2岁、7岁

中国近代数学家（一）

——华罗庚

　　同学们，你知道吗？自学成材的天才数学家，中国近代数学的开创人中，在众多数学家里华罗庚无疑是天分最为突出的一位！

　　华罗庚通过自学而成为世界级的数学家，他在解析数论、矩阵几何学、典型群、自守函数论、多复变函数论、偏微分方程、高维数值积分等广泛数学领域中都做出了卓越贡献。在这些数学领域他或是创始人或是开拓者！

　　从某种意义上他也是位传奇数学家，一生最高文凭是初中，早年在美国取得巨大成就后，闻知新中国成立，发出了"梁园虽好，非久居之处"号召，呼吁在国外的科学家学成回去报效祖国。跟他同时代闻讯回国的科学家，许多都为新中国做出了巨大贡献，其中最著名的有：导弹之父钱学森；为中国火箭、导弹做出贡献的两弹元勋邓稼先等等。

　　回国后华罗庚开创了中国的近代数学，并建立了中科院数学研究所，培养了大批数学家，如陈景润、王元等，号称华学派，后来致力于应用数学研究，将数学应用于工业生产，推广"优选法"和"统筹法"。由于华罗庚的重大贡献，有许多用他的名字命名的定理，如华引理、华不等式、华算子与华方法。

　　另外，华罗庚还被列为芝加哥科学技术博物馆中当今世界88位数学伟人之一。美国著名数学家贝特曼著文称："华罗庚是中国的爱因斯坦，足够成为全世界所有的著名科学院院士。"

中国近代数学家(二)

——苏步青

　　苏步青，浙江平阳人，出生于1902年9月，中国现代杰出的数学家。从小的时候起，苏步青就立下大志。

　　苏步青中学毕业后赴日本深造，先入东京高等工业学校，后转入日本东北帝国大学数学系，1927年毕业之后进入该校研究生院，1931年获理学博士学位。

　　在日本东北帝国大学学习期间，苏步青在一般曲面研究中发现了四次（三阶）代数锥面，这是几何研究中的重大突破，在日本和国际数学界引起反响，被称为"苏锥面"。获得了博士学位之后的苏步青谢绝了亲友和导师的挽留，毅然回国，受聘于浙江大学数学系，开始了他的教书育人生涯。在大学任教时，苏步青尽管生活贫困，条件艰苦，但为祖国培养数学人才的信心始终没有动摇。新中国成立后，苏步青以更大的热情投入到教学工作中去，并培养出了谷超豪、胡和生等一大批优秀数学人才。

　　在进行纯粹的理论研究的同时苏步青还非常重视实践。他深刻地认识到必须加强应用科学的研究，重视基础科学的研究，使两者有机地结合起来。首创性地将这些理论和方法，应用于造船、汽车、建筑、服装等行业。1972年，苏步青和他的两位学生到江南造船厂参加船体数学放样的研究，建立了厂校合作关系。经过4年多的努力，他们和江南造船厂的同志合作，解决了船体线型光顺问题，获得全国科学大会奖。

　　实际上，苏步青早在20世纪50年代就为世人所公认。1951年担任中国数学会理事（以后历任副理事长、名誉理事长）。1955年他就当选为中国科学院数理学部委员，兼任学术委员会常委。1956年被评为一级教授，任复旦大学副校长、复旦大学数学研究所所长，1978年被任命为校长。1979年后任《数学年刊》的主编（其实1935年就被推选为《中国数学学报》主编）。曾任上海市人大常委会副主任；第七届、第八届全国政协委员会副主席；全国人大常委会教科文卫专门委员会副主任；民盟中央副主席等职。

苏步青是世界著名微分几何学家，射影微分几何学派的开拓者。早年对对仿射微分几何学和射影微分几何学做出了贡献。

他20世纪40—50年代开始研究一般空间微分几何学；

他从20世纪60年代起又开始研究高维空间共轭网理论；

20世纪70年代以来他在中国开创了新的研究方向——计算几何！

苏步青为中国数学走向现代化做出了巨大贡献！

中国近代数学家（三）

——丘成桐

丘成桐是陈省身的学生，因解决微分几何的许多重大难题而获得数学界菲尔兹奖！

丘成桐的第一项重要研究成果是解决了微分几何的著名难题——卡拉比猜想，从此声名鹊起。他把微分方程应用于复变函数、代数几何等领域取得了非凡的成果，比如解决了高维闵考夫斯基问题，证明了塞凡利猜想等。这一系列的出色工作终于使他成为菲尔兹奖得主。

你们想成为最伟大的数学家吗？如果想，那就要好好学习哦！

"0"的遭遇

同学们，了解这些数学小知识吗？细细品读，一定让你大开眼界！

大约1500年前，欧洲的数学家们是不知道用"0"的。他们使用罗马数字。罗马数字是用几个表示数的符号，按照一定规则，把它们组合起来表示不同的数目。在这种数字的运用里，不需要"0"这个数字。

而在当时，罗马帝国有一位学者从印度记数法里发现了"0"这个符号。他发现，有了"0"，进行数学运算方便极了，他非常高兴，还把印度人使用"0"的方法向大家做了介绍。过了一段时间，这件事被当时的罗马教皇知道了。当时是欧洲的中世纪，教会的势力非常大，罗马教皇的权利更是远远超过皇帝。教皇非常恼怒，他斥责说，神圣的数是上帝创造的，在上帝创造的数里没有"0"这个怪物，如今谁要把它给引进来，谁就是亵渎上帝！于是，教皇就下令，把这位学者抓了起来，并对他施加了酷刑，用夹子把他的十个手指头紧紧夹住，使他两手残废，让他再也不能握笔写字。就这样，"0"被那个愚昧、残忍的罗马教皇明令禁止了。

但是，虽然"0"被禁止使用，然而罗马的数学家们还是不顾禁令，在数学的研究中仍然秘密地使用"0"，仍然用"0"做出了很多数学上的贡献。后来"0"终于在欧洲被广泛使用，而罗马数字却逐渐被淘汰了。

数的产生

　　若干年以前，人类的祖先为了生存，往往几十个人在一起，过着群居的生活。他们白天共同劳动，搜捕野兽、飞禽或采集果薯食物；晚上住在洞穴里，共同享用劳动所得。在长期的共同劳动和生活中，他们之间逐渐到了有些什么非说不可的地步，于是产生了语言。他们能用简单的语言夹杂手势，来表达感情和交流思想。随着劳动内容的发展，他们的语言也不断发展，终于超过了一切其他动物的语言。其中的主要标志之一，就是语言包含了算术的色彩。

　　人类先是产生了"数"的朦胧概念。他们狩猎而归，猎物或有或无，于是有了"有"与"无"两个概念。连续几天"无"兽可捕，就没有肉吃了，"有""无"的概念便逐渐加深。

　　后来，群居发展为部落。部落由一些成员很少的家庭组成。所谓"有"，就分为"一""二""三""多"等四种（有的部落甚至连"三"也没有）。任何大于"三"的数量，他们都理解为"多"或者"一堆""一群"。有些酋长虽是长者，却说不出他捕获过多少种野兽，看见过多少种树，如果问巫医，巫医就会编造一些词汇来回答"多少种"的问题，并煞有其事地吟诵出来。然而，不管怎样，他们已经可以用双手说清这样的话（用一个指头指鹿，三个指头指箭）："要换我一头鹿。你得给我三支箭。"这是他们当时"没""有"的算术知识。

　　大约在1万年以前，冰河退却了。一些从事游牧的石器时代的狩猎者在中东的山区内，开始了一种新的生活方式——农耕生活。他们碰到了怎样记录日期、季节，怎样计算收藏谷物数、种子数等问题。特别是在尼罗河谷、底格里斯河与幼发拉底河流域发展起更复杂的农业社会时，他们还碰到交纳租税的问题。这就要求数有名称。而且计数必须更准确些，只有"一""二""三""多"，已远远不够用了。

底格里斯河与幼发拉底河之间及两河周围，叫作美索不达米亚，那儿产生过一种文化，与古埃及文化一样，也是世界上最古老的文化之一。美索不达米亚人和古埃及人虽然相距很远，但却以同样的方式建立了最早的书写自然数的系统——在树木或者石头上刻痕划印来记录流逝的日子。尽管数的形状不同，但又有共同之处，他们都是用单划表示"一"。

后来（特别是以村寨定居后），他们逐渐以符号代替刻痕，即用1个符号表示1件东西，2个符号表示2件东西，依此类推，这种记数方法延续了很久。大约在5000年以前，古埃及的祭司已在一种用芦苇制成的草纸上书写数的符号，而美索不达米亚的祭司则是写在松软的泥板上。他们除了仍用单划表示"一"以外，还用其他符号表示"十"或者更大的自然数；他们重复地使用这些单划和符号，以表示所需要的数字。

公元前1500年，南美洲秘鲁印加族（印第安人的一部分）习惯于"结绳记数"——每收进一捆庄稼，就在绳子上打个结，用结的多少来记录收成。"结"与痕有一样的作用，也是用来表示自然数的。根据我国古书《易经》的记载，上古时期的中国人也是"结绳而治"，就是用在绳上打结的办法来记事表数。后来又改为"书契"，即用刀在竹片或木头上刻痕记数。用一划代表"一"。直到今天，我们中国人还常用"正"字来记数。每一划代表"一"。当然，这个"正"字还包含着"逢五进一"的意思。

趣话钟表

钟表，是小朋友们再熟悉不过的了。有了钟表，小朋友们才会按时起床，按时到校，按时上课。我们的生活才会有条不紊。让我们一起走近钟表，了解钟表里蕴藏的有趣知识吧。

钟表的历史——"中国人开创钟表史"

公元1088年，我国宋朝的科学家苏颂和韩工廉等人制造了水运仪象台，虽然几十年后毁于战乱，但它在世界钟表史上具有极其重要的意义，所以有"中国人开创钟表史"的观点。公元1300年以前，人类主要是利用天文现象和流动物质的连续运动来计时。例如，"日晷"是利用日影的方位计时；漏壶和沙漏是利用水流和沙流的流量计时。东汉张衡制造的"漏水转浑天仪"，是用齿轮系统把浑象和计时漏壶连接起来，漏壶滴水推动浑象均匀地旋转，一天刚好转一周，这是最早出现的机械钟。

钟表的另一大作用——标准的"指北针"

看到这个标题，小朋友们也许会疑惑，难道钟表还能辨认方向？指北针和钟表还会有关系？其实，手表的确就是一只标准的"指北针"。当你外出迷失方向时，手表可给你帮忙。方法是：把手表放平，把当时时数（24时计数法）一半时的时针位置指向太阳，则表盘上"12"指的方向便是北方。

例如：上午6时，减半是3时，转到表盘，用3时时针指的位置指向太阳，这时表盘上刻度12的指向便是北方。

钟表的美——十时十分

全世界的钟表广告，大部分的钟表都指在一个接近的时刻上——十时十分，这是为什么呢？原来十时十分这一时刻，时针和分针上扬，形状如鸟展翅，给人奋发之感，令人感到欣悦；同时时针和分针呈 V 字形，是胜利的象征；从视觉艺术的角度出发，表针停在 10 时 10 分这一刻，是经过艺术家、数学家及物理学家们精心研究过的，表针停在这一刻，对人所产生的艺术效果是最佳的。

小小的钟表，竟蕴涵着如此奇妙而有趣的知识！让我们一起学习，一起去努力探索吧！

小数点的故事

（一）

1967 年 8 月 23 日，苏联著名宇航员费拉迪米尔·科马洛夫，独自一人驾驶联盟一号宇宙飞船，经过一昼夜的飞行，完成了任务，胜利返航。

此刻，全国的电视观众都在收看宇宙飞船的返航实况。但当飞船返回大气层后，准备打开降落伞以减慢飞船速度时，科马洛夫发现无论用什么方法也打不开降落伞了。

地面指挥中心采取了一切可能救助措施帮助排除故障，都无济于事，经研究决定将实况向全国直播。当时播音员以沉重的语调宣布，联盟一号宇宙飞船由于无法排除障碍，不能减速，两小时后将在着陆基地附近坠毁，我们将目睹民族英雄科马洛夫殉难。

在人生的最后两小时，科马洛夫没有沉浸悲伤和绝望中，而是十分从容地用了大部分时间向上级汇报工作，然后再向他的母亲、妻子和女儿作最后的诀别。

他对泣不成声的12岁的女儿说："爸爸就要走了，告诉爸爸你长大了干什么？"

"像爸爸一样，当宇航员！"

"你真好！可我要告诉你，也告诉全国的小朋友，请你们学习时，认真对待每个小数点，每一个标点符号。联盟一号今天发生的一切，就是因为地面检查时，忽略了一个'小数点'，这场悲剧，也可以叫作'对一个小数点的疏忽'。同学们，记住它吧！"

7分钟后，轰隆——一声爆炸，整个苏联一片寂静，人们纷纷走向街头，向着飞船坠毁的方向默默地哀悼……

（二）

小数点在小数中是不可缺少的，没了小数点它就不是小数了。我这里有个由小数点引发的真实故事。

事情发生在妈妈单位的家属院里。一天，抄电表的人来了。抄到小王家时，那人吃惊地问："你家这个月怎么用了二百多度电？"小王听了之后，就是想不明白，这电到底用哪儿了。老李说："可能是老张偷了你家的电，他是电工。"

小王听了，觉得像，就在院子里骂开了，要老张出来交电费。老张听了莫名其妙，当然火冒三丈，两人就对骂起来，差点就动了手。好在被邻居们拉开了。

老张也觉得这事有些奇怪，就长了个心眼，又去仔细看了一下电表，还真给他看出问题来了。原来抄电表的人误把21.5看成了215。都是小数点惹的祸。

小王知道后，很不好意思地向老张道了歉。你们看看，一个小数点就差点造成了邻里纠纷，所以我们可不要小瞧了这小数点，点的时候可要小心呀！

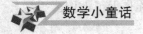 数学小童话

选国王

很久很久以前，在一个遥远的地方有一个神奇的王国——数学王国，那里的臣民生活得十分愉快，那可都是托了老国王的福。可是，不幸的事情发生了，老国王由于日夜操劳国事，终于一病不起。老国王感到自己快不行了，便召见自己的文武百官，一起商量下一任国王的人选。经过一番讨论，大家一致同意从"角城"选出一个人来当国王。"角城"的居民听到了这个消息，感到非常高兴，立即推出了五位候选人，他们是：锐角、直角、钝角、平角、周角。

选举的那一天，五位候选人发表演说。锐角骄傲地说："我的本领最大！大家看，我有尖尖的头，细细的腰，多么秀气呀！人们可以利用我打造很多兵器，所以说王国的安宁……"锐角还未说完，直角就打断了他的话："不对，不对，我的本领才是最大的！我站得直，立得稳，门、椅子、桌上到处都有我，是我撑起了整个世界！国王非我莫属！"台下直角支持者们闻听此言，都欢呼起来。钝角不服气了，他摆出一副老大哥的样子对锐角和直角说："两位小老弟，你们说得都不对，我的度数比你们大，应该我当国王才对。"直角的支持者们觉得钝角的话也有道理，便安静下来。这时，平角向钝角挑战："你要比度数吗？咱俩来比一比吧！"钝角不以为然，两边一张就变成了150°的角。平角淡淡地一笑，一条边一动不动，另一条边慢慢地张开……大家叫了起来："平角是180°。"钝角见此情形，涨红了脸，铆足了劲，也没有撑到180°，结果已经很明显了，大家都为平角欢呼，要支持他当国王。平角示意大家安静，说："我认为周角才是最合适的人选。"台下唏嘘一片，有人不服喊道："周角有多少度啊？恐怕连1°都不到吧！他

怎么能当国王呢？"平角请出周角，让他当场演示。天哪！周角竟然是360°，观众们个个目瞪口呆。"周角为人忠厚老实，度数也最大，他应该当国王。"平角大声地说。

周角最后当上了国王，上台后他把国家治理得井井有条，数学王国因此也就越来越兴旺发达了！

速算小明星"5"

在数学城电子计算器展销中心，售货员熟练地操作着各种型号的电子计算器，计算着各种问题。观看的人不时发出一阵阵赞扬声，算得多快多准呀。人群中不少小学生拉着自己的爸爸妈妈，吵着要买电子计算器。有了它，做起数学题该多好呀！

"不！"忽然，一个身材奇特的小矮人跳上了柜台，摇着手，对小学生说："小朋友不宜用这样的东西，要从小培养自己的计算能力，学会简便算法。有了好算法，有时候算起来比计算器还快呢。"

大家一齐把目光集中在小矮人身上，仔细一看，原来是外号叫"半截儿"的小"5"。

"什么？你能比我的计算器算得还快？"售货员奇怪地问。

小"5"说："你不信，我们试试。"

说着，小"5"对大家说："你们随便报一个数，求这个数乘以5的积，售货员请用电子计算器也一道算，看谁快？"

"好！"大家一齐喊道。观看的人群中有人先报了个算式"246×5"。

"1230。"小"5"脱口而出。

"314×5、289×5……"

"1570、1445……"小"5"一口气报了出来。

售货员还未来得及操作完,得数就被小"5"说出来了。

"好啊!"大家热烈地鼓起掌来。

小"5"笑着说:"这叫作'添零折半法',因为5是10的一半,一个数乘以5,只要把这个数扩大10倍,再折半就行了。比如,246×5=2460÷2=1230。"

"我们再来比一比。"售货员不服气地说。

"好,我们来计算任一个末位数是5的两位数的平方。"小"5"说。

"55×55="

"等于3025。"小"5"真快,一下子又报出了得数。

这时候,连售货员也佩服小"5"神速的口算能力了。

小"5"说道:"任一个末位数是5的两位数的平方,只要把它的十位数字乘上比它大1的数,再在积的后面添上25,就是结果了。例如75×75=5625,56就是7和8相乘的结果。"

"哈哈,这样算快极了。"

"半截儿,真正灵,敢同计算器比本领;方法妙,快又准,数学城里大明星。"不知是谁编了几句顺口溜,把大家都逗乐了。

狐狸卖瓜

狐狸的腿被小熊踢瘸了,再想逮兔子是困难了。为了生活,狐狸在森林的边上摆摊卖西瓜。

只见他拿着一把破芭蕉扇,一边赶着苍蝇,一边吆喝:"卖西瓜啦!又大又甜呀!"小鹿姑娘想买西瓜,她跑过来看了看西瓜,见西瓜有大有小。

小鹿问:"你的西瓜怎么卖法?"

狐狸一瘸一拐地向前走了两步，满脸堆笑地说："嘿，鹿妹妹，我的西瓜便宜呀！大个的2元1个，小个的1元1个，你随便挑。"

小鹿拣了一个最大的西瓜，用手拍了拍说："我就要这个了。"

狐狸一看，眉头一皱，心想："坏了，她把我做广告的西瓜买走，我拿什么来招揽买主呀！"

"嘿……"狐狸干笑了几声说，"我说鹿妹妹，这个西瓜个头虽大，可是不熟呀！生瓜！酸的！"

"真的？"小鹿有点犹豫。

狐狸赶紧抱起两个小西瓜递了过去，说："这两个瓜是熟瓜，甜极啦！2元钱买这两个吧！"

小鹿看了看两个小瓜，摇摇头说："这两个小瓜合起来也没有那个大瓜大呀！"

"不对，不对。"狐狸掏出尺子把大西瓜和小西瓜都量了一下说，"你看，大瓜直径30厘米，两个小瓜直径都是15厘米，两个小瓜直径加在一起同样是30厘米，你一点也不吃亏呀！快拿走吧！"

小鹿把两个小西瓜抱回家。鹿妈妈接过其中的一个小西瓜，用刀一切，呀，白籽白瓤，一个地地道道的生瓜。

小鹿生气地说："我原来挑了一个大西瓜，狐狸非叫我买这两个小的，真气人！"接着小鹿把事情的经过告诉了妈妈。

"你被瘸狐狸骗啦！"鹿妈妈说，"西瓜可以看成一个球，你算算吧！"

小鹿写出：大西瓜的体积=14130（立方厘米）

两个小西瓜体积=1766.25×2=3532.5（立方厘米） 14130÷3532.5=4

小鹿气极啦！她说："好啊！大西瓜是两个小西瓜体积的4倍，找瘸狐狸算账去！"

小鹿和鹿妈妈拿着生瓜找到了狐狸，狐狸刚想跑，已经来不及了，半个生西瓜扣在了他的头上。

余数的妙用

余数在人们日常生活中无处不在，有时妙用余数的知识，可以解决许多生活中的实际问题。本文举例解析如下：

一、巧用余数算星期

例1：今天是星期三，30天后的那一天是星期几？

【分析与解】一周有7天，所以可把7天看作一组，那么30天共有30÷7=4（组）……2（天），余数为2，因为星期三的3加上余数2等于5，所以30天后的那一天是星期五。

二、巧用余数算动物

例2：爷爷养了不到30只鸡，如果把它们分成同样多的4组，那么还多3只；如果把它们分成同样多的6组，那么又多3只，问爷爷养了多少只鸡？

【分析与解】因为分成同样多的4组还是6组，都多3只，这说明爷爷养的鸡减去3，所得结果应该既是4的倍数，又是6的倍数，因为爷爷养了不到30只鸡，所以爷爷养的鸡的只数是4×6+3=27（只），因此爷爷养了27只鸡。

三、巧用余数算食品

例3：要把38个橘子至少拿走几个，才能使9个小朋友分得同样多的橘子？

【分析与解】要求"38个橘子至少拿走几个，才能使9个小朋友分得同样多的橘子",就是求38个橘子平均分成9份后余下的个数,即求38除以9的余数。因为38÷9=4(个)……2(个),所以至少拿走2个,才能使9个小朋友分得同样多的橘子。

四、巧用余数算颜色

例4:某市少年宫为了庆祝"十一"国庆节,在大厅里按照红、绿、黄、蓝的顺序依次安装了彩灯,问第26只彩灯是什么颜色?

【分析与解】可把红、绿、黄、蓝四种颜色的彩灯看作一组,这样每组都是依次不断重复出现,所以26只彩灯共有26÷4=6(组)……2(只),因为按红、绿、黄、蓝的顺序,第2只彩灯是绿色,第26只彩灯是绿色的。

五、巧用余数算手指头

例5:从你的大拇指开始数,大拇指为1,食指为2,中指为3,无名指为4,小指为5……一直数到2009应停在哪一个指头上?

【分析与解】因为按题中要求数指头时,5个数为一个循环组,所以只要将2009除以5得到余数后,数一下余数就知道停在哪一个手指上了,因为2009÷5=401……4,而第4个数是无名指,所以2009应停在无名指上。

 竞赛加油站

三年级上册趣味数学竞赛试题

一、火眼金睛，数学高速路。把正确答案前面的序号填在括号里。

1.有一个老妈妈，她有三个男孩，每个男孩又都有一个妹妹，这一家共有
（　　）口人。

A. 5　　　　　　　　　　B. 7　　　　　　　　　　C. 6

2.房间里有8盏灯，关掉6盏，还剩（　　）盏灯。

A. 2　　　　　　　　　　B. 8　　　　　　　　　　C. 14

3.满满一杯牛奶，小明先喝了半杯，然后添水加满，之后再喝半杯，再一次
添水加满，最后把它全部喝完，请问小明一共喝了（　　）杯牛奶。

A. 1　　　　　　　　　　B. 2　　　　　　　　　　C. 3

4.布袋里有红、绿两种小木块各6块，形状大小都一样，如果要保证一次能
从布袋里取出2块颜色不同的木块，至少必须取出（　　）块小木块。

A. 2　　　　　　　　　　B. 7　　　　　　　　　　C. 12

5.1个小朋友吃1个西红柿，要用3分钟。5个小朋友同时吃5个同样大小的
西红柿，要用（　　）分钟才能吃完。

A. 3　　　　　　　　　　B. 15　　　　　　　　　　C. 8

6.小华的爸爸1分钟可以剪好5只自己的指（趾）甲。他在5分钟内可以剪好
（　　）只自己的指甲（趾）。

A. 25　　　　　　　　　　B. 20　　　　　　　　　　C. 10

7. 王某从甲地去乙地，1分钟后，李某从乙地去甲地。当王某和李某在途中相遇时，（　　）离甲地较远一些。

   A. 王某离甲地远　　　　　　　B. 李某离甲地远　　　　　　　C. 一样远

8. 在广阔的草地上，有一头牛在吃草。这头牛一年才吃了草地上一半的草。它要把草地上的草全部吃光，需要（　　）年。

   A. 永远吃不完　　　　　　　　B. 2年　　　　　　　　　　C. 1年

二、巧思妙解，生活万花筒。

1. 小红和小林各拿出同样多的钱合买同样价钱的练习本，买完后小红比小林少拿了2本，因此，小林给小红4角钱。请问每本练习本多少钱？

2. 老师出了两组题给全班45名同学做，做对第一组的有38人，做对第二组的有42人，两组题全做对的有多少名同学？

3. 人带狗、鸡、米过河，船除需要人划外，至少能载狗、鸡、米三者之一，而当人不在场时狗要吃鸡，鸡要吃米。试设计一个安全过河方案，并使渡船次数尽量减少。

参考答案：一、1.A；2.B；3.A；4.B；5.A；
         6.B；7.C；8.A

二、1.4÷1=4（角）
   2.38+42−45=35（名）
   3.带鸡过去 空手回来；
     带狗过去 带鸡回来；
     带米过去 空手回来；
     带鸡过去。

数学万花筒

中国近代数学家(四)

——陈省身

同学们，你知道吗？陈省身，汉族，美籍华人，国际数学大师、著名教育家、中国科学院外籍院士，"走进美妙的数学花园"创始人，20世纪世界级的几何学家。少年时代即显露数学才华，在其数学生涯中，几经抉择，努力攀登，终成辉煌。他在整体微分几何上的卓越贡献，影响了整个数学的发展，被杨振宁誉为继欧几里得、高斯、黎曼、嘉当之后又一里程碑式的人物。曾先后主持、创办了三大数学研究所，造就了一批世界知名的数学家。

他是：

美国国家科学院院士（1961年）；

第三世界科学院创始成员（1983年）；

英国皇家学会国外会员（1985年）；

意大利国家科学院外籍院士（1988年）；

法国科学院外籍院士（1989年）。

他1994年当选为中国科学院首批外籍院士。

他是现代微分几何的开拓者，曾获数学界终身成就奖——沃尔夫奖！

他对整体微分几何的卓越贡献，影响着半个多世纪的数学发展。

他创办、主持的三大数学研究所，造就了一批承前启后的数学家。

他在微分几何领域有诸多贡献，如以他命名的"陈空间""陈示性类""陈纤维丛"等，他是中国最著名的五大数学家之一。

中国近代数学家(五)

——陈景润

陈景润（1933—1996）是中国现代数学家。陈景润1933年5月22日生于福建省福州市，1953年毕业于厦门大学数学系。由于他对塔里问题的一个结果做了改进，受到华罗庚的重视，被调到中国科学院数学研究所工作，先任实习研究员、助理研究员，再越级提升为研究员，并当选为中国科学院数学物理学部委员。陈景润是世界著名解析数论学家之一，他在20世纪50年代即对高斯圆内格点问题、球内格点问题、塔里问题与华林问题的以往结果，做出了重要改进。20世纪60年代后，他又对筛法及其有关重要问题进行了广泛、深入的研究。

1966年屈居于六平方米小屋的陈景润，借一盏昏暗的煤油灯，伏在床板上，用一支笔，耗去了几麻袋的草稿纸，居然攻克了世界著名数学难题"哥德巴赫猜想"中的（1+2），创造了距摘取这颗数论皇冠上的明珠（1+1）只是一步之遥的辉煌。他证明了"每个大偶数都是一个素数及一个不超过两个素数的乘积之和"，使他在哥德巴赫猜想的研究上居世界领先地位。这一结果国际上誉为"陈氏定理"，受到广泛征引。这项工作还使他与王元、潘承洞在1978年共同获得中国自然科学奖一等奖。他研究哥德巴赫猜想和其他数论问题的成就，至今仍然在世界上遥遥领先。世界级的数学大师、美国学者阿·威尔曾这样称赞他："陈景润的每一项工作，都好像是在喜马拉雅山山巅上行走。"

陈景润于1978年和1982年两次收到国际数学家大会请他做45分钟报告的邀

请。这是中国人的自豪和骄傲。

陈景润，从小家境贫寒，学习刻苦，他在中、小学读书时，就对数学情有独钟。他在福州英华中学读书时，有幸聆听了清华大学调来的一名很有学问的数学教师讲课。他给同学们讲了世界上一个数学难题："大约在200年前，一位名叫哥德巴赫的德国数学家提出一个猜想：'任何一个偶数均可表示为两个素数之和'，简称'1＋1'。他一生没有证明出来，便给俄国彼得堡的数学家欧拉写信，请他帮助证明这道难题。欧拉接到信后，就着手计算。他费尽了脑筋，直到离开人世，也没有证明出来。之后，哥德巴赫带着一生的遗憾也离开了人世，却留下了这道数学难题。200多年来，这个哥德巴赫猜想吸引了众多的数学家，但始终没有结果，成为世界数学界一大悬案。"老师讲到这里还打了个形象的比喻，自然科学皇后是数学，"哥德巴赫猜想"则是皇后王冠上的明珠！这引人入胜的故事给陈景润留下了深刻的印象，"哥德巴赫猜想"像磁石一般吸引着陈景润，陈景润也把毕生精力奉献给了她。

陈景润历任第四、五、六届全国人大代表，中国科学院学部委员，国家科委数学成员。"水流任意景，松老清风润。"这是著名书法家王永剑先生题写的对联，笔墨醋畅，沉雄劲节，现在依然悬挂在陈景润家中的客厅里。这位数学巨星已经去世近20年了，然而，他在攻克"哥德巴赫猜想"和"数论"研究方面仍处在世界遥遥领先的地位。

人类历史上的计时工具

同学们，了解这些数学小知识吗？细细品读，一定让你大开眼界！

白天和黑夜的自然循环、四季的变化等是人类最早建立起来的时间观念。人们在同大自然的斗争中，又需要根据时间更好地进行生产劳动。人类逐渐利用日影的移动、燃料的燃烧、物质的流动等原理制成了早期的计时工具。

圭表是中国人最早创制出的利用阳光下影子移动的规律，测定二十四节气和回归年长度的天文仪器。所谓"表"，就是一根直立在平地上的标杆或者石柱，汉代后，改用铜制；"圭"是一根与表垂直的正南正北方向平放的尺，汉以后，改用石制或铜制，它们共同组成"圭表"。用圭表测出表影随着太阳的视运动在一日之内的长短变化。中午，表影最短，落在"圭"面上，指向正北方。从正午表影长短变化的周期，可以确定一个回归年的长度，并能推算出"二十四节气"。后来几经改进，为了使表影不落到圭外，人们又在圭的另一端立了一个相对较短的"小表"，相当于圭的延伸，叫"立圭"，冬季时长的表影可以在立圭上反映出来。

日晷是在圭表的基础上发展起来的一种计时器，能够更准确地测定不同时刻的时间。日晷有一根固定的臂或针，还有一个刻有数字和分度的盘，将盘分成许多份，观察日影投在盘上的位置，就能分辨出不同的时间。日晷的计时精度能准确到刻（15分钟）。

我国古代的刻漏是在竹木制的刻箭上，按其一昼夜在水面上浮沉的长度，分刻成100个间距，每个间距即为一刻，故有"百刻"之称。自西汉起，用12个时辰表示一昼夜的变化，每一时辰合今天的2小时。十二个时辰以十二地支（子、丑、寅、卯、辰、巳、午、未、申、酉、戌、亥）为名。从夜间11时起到次日1时为子时，1时至3时为丑时，其余类推。

古埃及人表示一昼夜的变化是把白天定为10小时，夜晚定为12小时。由于四季的变化，白天和黑夜的长短不一样，后来把一昼夜变化均匀地分为24小时，每小时为60分，每分为60秒。这种计时方法一直沿用到今天，成为全世界公用的时间计量单位。

当水温和水质直接影响了水钟的使用和准确性时，人们不得不另辟蹊径，13世纪詹希元制成五轮沙漏，是一种更高级的以沙为动力的机械时钟。

公元1276年郭守敬的赤道式浑天仪，虽然比1090年苏颂的仪器更为精密，但没有什么本质上的区别。他在1276年制造了"大明殿灯漏"，这是脱离天文仪器的机械时钟。

中国古代计时单位——时、刻、更、点

一、时

时指时辰，古时一天分12个时辰，采用地支作为时辰名称，并有古代的习惯称法。

时辰的起点是午夜。顾炎武《日知录》："自汉以下，历法渐密，于是以一日分为十二时，盖不知始于何人，而至今遵而不废……然其（指杜元凯注）曰夜半者即今之所谓子时也，鸡鸣者丑也，平旦者寅也，日出者卯也，食时者辰也，隅中者巳也，日中者午也，日昳者未也，哺时者申也，日入者酉也，黄昏者戌也，人定者亥也。一日分为十二，始见于此。"

北宋时开始将每个时辰分为"初""正"两部分，分十二时辰为二十四时，称"小时"。

二、刻

大约西周之前，古人就把一昼夜均分为100刻，在漏壶箭杆上刻100格。到了清代正式规定一昼夜为96刻，每个时辰八刻，又区分为上四刻和下四刻。

三、更

汉代皇宫中值班人员分五个班次，按时更换，叫"五更"，由此便把一夜分为五更，每更为一个时辰。戌时为一更，亥时为二更，子时为三更，丑时为四更，寅时为五更，其对应如下：

一更天：戌时 19：00—21：00；

二更天：亥时　21：00—23：00；

三更天：子时　23：00—01：00；

四更天：丑时　01：00—03：00；

五更天：寅时　03：00—05：00。

四、点

古代使用铜壶滴漏计时，以下漏击点为名。

一更分为五点，所以，一点的长度合现在的24分钟。"三更两点"就是指深夜11：48；"五鼓三点"就是指凌晨04：12。

古代孩子巧解问题

我国古代出现了许多善于利用其他事物，解决生活中实际问题的孩子，有的方法还包含着巧妙的数学道理呢，显示了极强的智慧。

曹冲化整为零法

三国时，有人送给曹操一头大象，这在中原可是个稀罕物。曹操想知道大象的重量，可是象实在太大，群臣都想不出称象的办法。这时曹冲献计："将大象牵上船，在船舷上画上一条线，然后换上石块，当船下沉到那道线时，再把石块逐一称出重量，合起来就是大象的重量。"众人无不称赞。

苏轼化长为短法

苏轼是宋代著名的文学家，小时候就十分聪明。有一次，苏老爷想试试孙儿们的智力，把一篮子果子挂在竹竿的顶部（竹竿竖着），对孙儿们说："不许爬高，不许用工具，谁能把篮子取下来？"只见小苏轼不慌不忙地把长竹竿插入院中的井里，轻而易举地取到了篮子。

苏述化深为浅法

宋朝有个专为皇帝踢蹴鞠的高手，叫苏述。（蹴鞠是古代的足球，里面是充气的猪尿泡，外面包着几块皮。）小时候，他和几个朋友在一起踢球，不料球滚进树洞里去了。树洞很深，球拿不出来。小苏述想了个办法，拎水倒进树洞里，水位渐渐升高，球就浮了上来。

司马光化满为无法

宋朝时，有一次，司马光与和他差不多大的孩子在花园里玩，才下过雨，大荷花缸里水满满的。一个同伴，爬上假山玩，一不小心掉到缸里，眼看就没命了。司马光急中生智，心想人不能离开水，难道就不能让水离开人吗？于是他搬起石头砸破了缸，水流走了，同伴已得救了。

乌龟背上的图形

在很久很久以前，大禹治水来到洛水，洛水浮起一只大乌龟，乌龟背上有一个神奇的图，图上有很多圈和点，这些图形表示什么意思呢？大家都弄不明白，一个人好奇地数了一下乌龟背上的点数，再用数字表示出来，发现这里有非常有趣的关系。

把龟甲上的数填入正方形的方格中，不管是把横着的三个数相加还是把竖着的三个数相加，或者是把斜着的三个数相加，它们的和都等于15。

后来数学家对这个图形进行深入的研究，在我国古代把这种方图叫作"纵横图"或者是"九宫图"，在国外叫它"幻方"。

宋代有个数学家叫杨辉，他研究出来一种排列的方法：先画一个图，把1到9从小到大斜着排进图里，然后把最上面的1和最下面的9对调，最左边的7和最右边的3对调，最后把最外面的4个数，填进中间的空格中，就得到龟背上的图了。

杨辉排出来的幻方是3阶的，到现在数学家已经排出了125阶以上的幻方，然而这还不是终点，也不是目的，在电子计算机的帮助下，人类已经把幻方应用到了许多科学领域，从而让这个古老传说中的神秘数学图形在今天有了新的魅力。

虽是一个传说中的古老故事，但可以看出古代的数学家精心钻研为中国的数学事业做出了很大的贡献，令我们佩服敬仰。

购 物

圣诞节那一天，我与妈妈到百货大楼去买东西。正巧，大楼正在举办返券销售活动，只见标牌上清清楚楚地写着：购买服装类每付现金100元，返回礼券80元；鞋类每付100元，返回礼券60元；用具类每付100元，返回礼券40元；所付现金不足100元部分不返券，所返的礼券可在返券销售活动期间在商场内购买任何商品。

我与妈妈转来转去，最后，我看中了一双320元的运动鞋，妈妈看中了一套498元的衣服；而我们还要买一套245元的炊具。这时，妈妈对我说："你不是老说你的数学学得很好吗？耳听为虚，眼见为实，今天，妈妈就来考考你。我们把这三样东西全买下来，怎样买才能最省钱呢？"

呵，这可难不倒我："衣服最贵，得的券又最多，当然先用钱买衣服了，这样就可以得到320元的礼券，用这礼券可以买好我的运动鞋，然后再拿出245元买炊具，还能得80元礼券。而用这礼券还能买一些小装饰品呢！一共用现金743元。"我得意地看看妈妈。妈妈摇了摇头说："你这样不是浪费了80元的礼券吗？"我睁大眼睛："难道还有更省钱的？""当然了！"妈妈说。我拿出笔和纸算了起来，一会儿，我又设计出了另一种方案，我急着告诉妈妈："先买鞋，可得到礼券180元，用这些礼券买衣服，需要补付318元，又得到礼券240元，最后买炊具，将礼券用完再补付5元，这样共付现金643元。比刚才的方案足足又省了100元。"

妈妈看着我笑了。我们既花了最少的钱，又满足了自己的心愿。

同学们，了解这些数学小知识吗？细细品读，一定让你大开眼界！

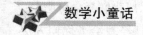 数学小童话

数字联欢会

一天晚上，除法奶奶和乘法爷爷在散步。他们走着走着，走进了一个树林里，乘法爷爷问除法奶奶："哎呀，这里怎么这么吵啊？"除法奶奶说："我去看看。"原来是数字们正在举行联欢会呢！

咦！加法哥哥和减法妹妹在干什么呢？除法奶奶走过来看个究竟，原来他们俩正在分12个苹果、36朵白兰花和1个大蛋糕。

加法哥哥说："我用加法想，因为10＋2=12、30＋6=36，所以我可以分得10个苹果和30朵白兰花，1个大蛋糕没法分，我们俩就一起把它吃掉。"

减法妹妹一听就跳了起来，"不公平，不公平，我用减法想。应该是12－2=10、36－6=30，所以我可以分得剩下的10个苹果和30朵白兰花。"

两个人你一句、我一句，谁都觉得自己的分法是对的，谁也不肯让谁。正在争执时，加法哥哥看到除法奶奶走了过来，说："除法奶奶，除法奶奶，快来帮我们分一下这些东西吧！"

"好啊，让我来看一看。"除法奶奶看了看，对加法哥哥和减法妹妹说："要把这些东西公平地进行分配，并且每份分得一样多，在数学上就叫平均分。平均分时，我们一般用除法进行计算。在这里，要把12个苹果平均分给你们俩人，就是把12个苹果平均分成2份，列式为12÷2=6（个），每人分得6个苹果。你们想一想，现在公平吗？"

加法哥哥说："既然每人分得6个，用加法表示就是6＋6=12，原来有12个，而且每人一样多！除法奶奶，你分得真好！谢谢你！"

减法妹妹说："那么，除法奶奶，还有两样东西，也请你帮我们分一分吧！"

除法奶奶摸了摸两人的头，慈祥地说："孩子们，奶奶已经教给了你们方法，下面怎么分就只能靠自己了。"

加法哥哥想了想，说："现在仍然要平均分，所以还是用除法。把 $36 \div 2 = 18$（朵），每人应分得 18 朵白兰花。"

减法妹妹说："这样分对吗？"

除法奶奶鼓励她："信不信，你可以试试啊？"

减法妹妹说："我把 $36 - 18 = 18$，也就是拿掉 18 朵，正好余下 18 朵，分得正好！加法哥哥，你真棒！"

这时，还有一个大蛋糕没有分。加法哥哥和减法妹妹都看着除法奶奶，想请奶奶帮忙，但又不好意思开口。除法奶奶看出了他俩的心思，意味深长地说："遇到困难时，首先要积极思考，如果自己确实没法克服了，那就要大胆地请教别人，虚心学习的孩子是好孩子。"

除法奶奶接着说："在这里，一个大蛋糕好像没法平均分给两个人。但我们仍然可以用平均分的想法来思考，把 1 个大蛋糕平均分成 2 份，每人正好分得这个大蛋糕的一半，列式为 $1 \div 2 = 1/2$（块），现在你们懂了吗？"

加法哥哥和减法妹妹微笑着点点头，齐声说："谢谢奶奶！你不但帮我们解决了问题，还教给了我们这么多知识！"

除法奶奶说："没什么，孩子们，只要做有心人，你们就能发现生活中还有很多很多的数学知识呢！"

减法妹妹看到乘法爷爷一直微笑地站在一旁，突然有了一个好主意，就对加法哥哥说："我们可以和爷爷奶奶一起来分享美味的蛋糕，这里一共有 4 个人，用平均分的想法，把 $1 \div 4 = 1/4$（块），我们 4 个人每人各分得这个大蛋糕的 1/4，好吗？"

加法哥哥很快地将蛋糕平均分成了 4 份，并拿出了其中的两份送给了乘法爷爷和除法奶奶。爷爷奶奶很高兴，笑着说："你们俩真是好孩子！谢谢你们的蛋糕！"加法哥哥说："不用谢！应该是我们谢谢你们的帮助！"

最后，乘法爷爷、除法奶奶和加法哥哥、减法妹妹一起过了一个开心的数字联欢会！

烂瓜砸头

独眼小狼王叫喊着要吃活兔子。小猴在树上冲着小狼王说："喂，要吃兔子的饿狼！明天给你准备3只活兔子——1只白兔、1只灰兔、1只黑兔。你看怎么样？"

小狼王用舌头舔了一下嘴边的口水，高兴地说："好，好，有3只兔子可以吃个半饱了！"

"不过……"小猴坐在树杈上，跷起了二郎腿说，"你必须告诉我这3只兔子各有多重。"

小狼王用力点点头说："行，行，兔肉香极啦，多重我都吃得下！你说怎么算吧！"

小猴不慌不忙地说："你听好啦！白兔的重量等于灰兔的重量加上黑兔的重量，白兔的重量加黑兔的重量等于灰兔重量的2倍，3只兔重量的乘积等于3只兔重量的总和，最轻的兔子为1千克。你自己算去吧！"

小狼王说："我先判断一下哪只兔子最重，哪只兔子最轻。由于白兔的重量等于灰兔和黑兔的重量的和，显然白兔最重。根据白兔和黑兔合起来等于2只灰兔的重量，灰兔一定比黑兔重。如果黑兔比灰兔重的话，因为白兔也比灰兔重，那么白兔和黑兔合起来肯定比2只灰兔重啦！"

小狼王接着说："嗯，黑兔是1千克重。由于$3+1=2\times2$，$3\times2\times1=1+2+3$，可以肯定灰兔2千克，白兔3千克。"

"猴子，猴子，我算出来啦！快告诉我，明天把兔子放在什么地方吧！"小狼王抬头一看，猴子早没踪影了。

小狼王大叫一声："上猴子当啦！"

话音未落，从树上飞下一只烂西瓜，正好砸在小狼王的脑袋上。

小狼王大叫一声："我的妈呀！是什么东西，这么臭！"

"哈哈……"小猴在树上笑着说，"请你先吃个烂西瓜开开胃，然后再吃兔子肉。"

小狼王用前爪抹了一把脸上的臭西瓜汁，咬牙切齿地说："好个猴子，我非吃了你不可！"他嚎叫一声，跃起身来向猴子扑去。

猴子揪住树条灵活地从一棵树悠到另一棵树上，小狼王在后面猛追。

独眼小狼王只顾追小猴，没注意前面有一个圆乎乎的东西，一脚踩了上去，他大叫一声："哎呀，扎死我啦！"小狼王定睛一看，是个小刺猬。

小刺猬不高兴地说："踩了人家一脚，也不说声对不起，没礼貌的家伙！"

"哼！"独眼小狼王气得全身发抖。

猴子和刺猬开心地笑了起来。

快乐猜猜看

猜数学名词

【例1】打一数学名词。

（1）考试不作弊；（2）五四三二一。

解析：（1）"考试"的含义是指"分数"，"不作弊"的含义是指"真实成绩"，故谜底是：真分数。

（2）无论在学习还是生活中，写数或读数，一般是从小数读到大数，正着数习惯上是"一二三四五"，而"五四三二一"显然是倒过来数，故谜底是：倒数。

【例2】用数学名词填写下列成语：

（1）无独有____ ____一数二；（2）有机可____ ____网恢恢。

解析：（1）成语"无独有偶'的后一个字"偶"和"数一数二"的前一个字"数"组成了"偶数"，所以谜底是偶数。

（2）成语"有机可乘"的后一个字"乘"和"法网恢恢"的前一个字"法"组成了"乘法"，所以谜底是乘法。

练习：

1.打一数学名词

（1）考试作弊；（2）再见吧！妈妈；（3）再见吧！儿子；

（4）夏周之间；（5）重判；（6）轻判；（7）剃头。

2.用数学名词填写下列成语：

（1）不计其____ ____而不厌；（2）唯利是____ ____影不离；

（3）平庸无____ ____米而炊；（4）恰如其____ ____不胜数；

（5）天地难____ ____体裁衣。

　　数学中有许许多多有趣的现象和未解之谜，因而吸引了许多人，使他们成为数学的爱好者和探索者……在这里，一道道数学趣题呈现在你们面前，请勇气十足，迎难而上，尽情吮吸着"趣题大本营"最美花儿的芳香！

毛毛虫爬树

　　星期天的早晨六点钟，有一条毛毛虫开始爬树。白天，到18：00，它爬上去了5米；晚上，它退下来了2米。请问：它什么时候爬到九米？

　　要是这样算——9÷（5－2）＝3，显然不对。因为经过两个昼夜，在星期二早晨，毛毛虫已经爬了6米；而这个白天，它会继续往上爬，到18：00还能爬5米。6＋5＝11（米），已经超过了。请算一算，它究竟是在什么时候正好爬到9米？当然，毛毛虫的爬行是等速的。

卖鸡蛋

　　一个农村少年，提了一筐鸡蛋到市场上去卖。他把所有鸡蛋的一半加半个，卖给了第一个顾客；又把剩下的一半加半个，卖给了第二个顾客；再把剩下的一半加半个，卖给了第三个顾客……当他把最后剩下的一半加半个，卖给了第六个顾客的时候，所有的鸡蛋全部卖完了，并且所有顾客买到的都是整个的鸡蛋。

请问：这个少年一共拿了多少鸡蛋到市场上去卖？

半个鸡蛋怎么卖呢？这个题看起来难，其实简单。用倒推法，问题一下就解决了。要紧的是要想清楚，第六次的一半加半个只能是一个鸡蛋。倒推法简便可靠，是一种解决问题的好方法。

放羊的牧童

甲、乙两个牧童相遇了。甲说："你给我一只羊，那我的羊就是你的两倍。"乙说："最好是你给我一只羊，那样的话，我和你的羊就一样多了。"请问他们各有多少只羊？

这是一个很多人都知道的古老问题。假设甲拿出一只羊，不是给乙，而是给另外的某个人，那他们两人的羊会一样多吗？不会的。仍然是甲有的羊比乙多，多多少呢？多一只。由此可知，甲比乙多两只羊。

乙比甲少两只羊，要是他拿出一只羊来，不是给甲，而是给另外的某个人，那甲所有的羊就比乙多三只；要是这只羊给了甲，而不是给另外的人，那甲所有的羊就比乙剩下的羊多四只。这时，甲有的羊是乙的两倍，也就是乙剩下的羊是四只了。所以，乙有五只羊，甲有七只羊。

 竞赛加油站

三年级下册趣味数学竞赛试题

一、火眼金睛，数学高速路。把正确答案前面的序号填在括号里。

1. 两棵树上共有 12 只小鸟，其中有 4 只从第一棵树上飞到第二棵树上，请问现在两棵树上一共有（　　）只小鸟。

A. 8　　　　　　　　　　B. 12　　　　　　　　　　C. 16

2. 1 头猪换 2 只羊，1 只羊换 2 只兔，1 头猪换（　　）只兔子。

A. 2　　　　　　　　　　B. 3　　　　　　　　　　C. 4

3. 在路的一侧插彩旗，每隔 5 米插一面，从起点到终点共插了 10 面。这条道路长（　　）米。

A. 50　　　　　　　　　　B. 45　　　　　　　　　　C. 40

4. 在一个一周长是 42 米的圆形花园周围，每隔 6 米放一盆花，一共可放（　　）盆花。

A. 6　　　　　　　　　　B. 7　　　　　　　　　　C. 8

5. 小明今年 10 岁，8 年后的年龄与哥哥今年的年龄相等，哥哥今年（　　）岁。

A. 2　　　　　　　　　　B. 12　　　　　　　　　　C. 18

6. 爸爸今年比小宝大 30 岁，5 年后，爸爸比小宝大（　　）岁。

A. 25　　　　　　　　　　B. 35　　　　　　　　　　C. 30

7. 二年级给一年级 9 本书后，两个年级的书就同样多。二年级的书原来比一年级多（　　）本。

A. 9　　　　　　　　　　B. 18　　　　　　　　　　C. 3

8. 10辆车排成一队，从前往后数，黑色轿车是第6辆，那么，从后往前数，它在第（   ）辆。

A. 6   B. 5   C. 4

9. 在一块正方形场地四周种树，每边都种10棵，并且四个顶点都种有一棵树。这个场地四周共种树（   ）棵。

A. 30   B. 35   C. 40

10. 体育课上同学们站成一排，老师让他们按1、2、3、4、5循环报数，最后一个报的数是2，这一排同学有（   ）人。

A. 26   B. 27   C. 28

二、巧思妙解，生活万花筒。

1. 学校组织兴趣小组。参加书法组的有8人，参加绘画组的有24人，参加唱歌组的人数比参加绘画组的人数多2倍，唱歌组人数是书法组人数的几倍？

2. 在三年级三个班所订的《小学生数学报》中，有58份不是一班的，60份不是二班的，26份既不是一班的，也不是二班的。三个班一共订了多少份？

3. 一个商店有这样一条规定，喝完汽水后，用5个空汽水瓶可以换1瓶汽水，小明家买了20瓶汽水，他最多能喝到多少瓶汽水？

参考答案：一、1. B；2. C；3. B；4. B；5. C；

6. C；7. B；8. B；9. B；10. B

二、1. 24÷8=3   2+1=3   3×3=9（倍）

2. 58+60−26=92（份）

3. 20+20÷5+1=25（瓶）

数学万花筒

数学小故事

——拿破仑救士兵

我们都听说过司马光砸缸的故事，为什么司马光那么聪明，遇到棘手的事当机立断，想出解决问题的办法来呢？是因为他能冷静思考，采用逆向思维，孩子落入水缸里会被水淹死，而他又爬不出来，其他孩子人小力气小，无法把他拉出来，司马光想，既然没有办法让人离开水，何不让水离开人呢？于是他果断地砸破了缸，救出了同伴。

这里再讲一个逆向思维的故事，故事的主角是法国的皇帝拿破仑。一天拿破仑正骑马穿过一片森林，远处突然传来"救命啊，救命啊！"的呼救声，他策马扬鞭，向发出呼救声的地方飞奔而去，穿过树林，不远处是个湖泊，离岸三十几米处，一个落水的士兵正在挣扎着向深水区漂移，岸上的士兵慌作一团，急得直跳脚，他们都不会游泳，眼看着伙伴要淹死，却束手无策。

拿破仑看到这个情景，问那几个士兵："他会游泳吗？"

一个士兵答道："他只能扑腾几下。"

"哦！"拿破仑应了一声，随即从侍卫手中抓过一支枪，严厉地向落水士兵喊道："你干吗还往湖中爬？快给我回来，再往前我就枪毙你！"说完就朝落水者前面开了两枪。

也许是听到严厉的威胁，也许是子弹的呼啸声，也许两者兼而有之，落水者猛然转过身来，拼命扑打着水，好不容易游到浅水处，爬上岸。小伙子惊魂甫定，这才发现面前站着的竟是拿破仑，心有余悸地说："陛下，我都快要淹死了，您干吗还要枪毙我？您的子弹差一点打中我，真把我吓死啦！"

拿破仑笑道："你再往前漂去，沉到湖底，就真的回不来了，我开枪吓你一跳，你不就被吓回来了吗？"士兵这才恍然大悟，赶忙向拿破仑致谢！

看，逆向思维真的很有用！

数学小知识

——奇妙的人体数字

1. 头跟笔记本电脑一样重

一个人的头到底有多重？答案是跟一台笔记本电脑差不多，大约1.4千克重。人的大脑包括80%的水，其中25%被用于有氧及糖分的体内循环，以补给营养。人发育到18岁时，脑袋就不会再长了，所以不可能有比一个4GB的笔记本电脑更大的容量储存记忆。大脑能容纳数量巨大的信息，可达1000万亿比特信息单位，相当于10亿册书的内容。大脑每立方厘米可以储存1万亿比特的信息。

2. 血管长度可绕地球两周

人体布满了密密麻麻的血管，说出来也许你不相信，人体大大小小血管有1000多亿条，如果将人体的所有血管接成一条线，科学家估计，成人的血管总长度约为96000千米。绕地球一周是40000千米，也就是说，人体血管接成一条线之后，长度可以绕行地球2周半。

3. 血液循环一周只需20秒

每天人体心脏搏动产生的能量，足以把9千克重的物体提升1米。科学家推算，人从出生到50岁的时候，心脏搏动所产生的能量可以把100颗重量级的人造卫星送入地球轨道。

心脏送出来的血液，经过大动脉、中动脉、小动脉，流到全身的毛细血管，然后又经过小静脉、中静脉和大静脉，再返回心脏。血液按这个顺序旅行，速度非常快，在体内循环一圈只需要20秒钟，依此速度算，血液在1小时内可循环180圈，1年是157.68万圈，如果一个人活到80岁，血液会在体内循环12614.4万圈。

4. 肠子长度是身高的4～5倍

肠子到底有多长？肠胃科医师表示，不同的位置，长度不同，对人体解剖测量的数字显示，十二指肠长60厘米，小肠的长度可达6.7米，大肠的长度则为1.5米。但有解剖学家认为，每个人的肠子的长度都不一样，一般约为身高的4～5倍。有趣的是，肠胃科医师进行肠胃镜检查时发现，高瘦的人，肠子比较松垮。

5. 一生心跳25亿至30亿次

科学家发现，乌龟寿命可长达177年，因为它每分钟的心跳只有6次，一生心脏跳动约5.6亿次。令人惊奇的是，所有哺乳动物（人除外）一生的心跳次数基本上是一样的，大约是7.3亿次，而人一生的总心跳次数约为25亿至30亿次。心脏跳得太快，就死得快。

6. 一天排汗量可达10升

人一天里从皮肤的汗腺排出的水分，最少也有0.5升（即使完全不动地躺着，也会从汗腺散发出水分），最大排汗量可达到一天10升，每小时排汗量最大可达2升。有趣的是，季节不同，人体排汗量也有很大的差异，盛夏时，一个人平均1天的排汗量可达4至5升；春天及秋天，1天的排汗量是0.8升左右；冬天出汗量不大，但也要排出0.5升，相当于3大杯水。

7. 舌头有1万个味蕾

舌头由17块肌肉组成，所以异常灵活。灵巧的舌头，实际丈量起来也不小，长9厘米，重50克，我们的舌头上布满味蕾，医师表示，人类的舌头有500种不同的味觉，舌头上的味蕾有 1 万个，每个味蕾带有 50 个味细胞。人在品尝食物时，会动用到舌头上的 9000 个味蕾。

8. 每天吞口水 580 多次

咽喉是食物和空气进入人体的繁忙通道。曾有人统计，人的一生大约有 40 吨食物和 34 万立方米的空气通过口腔和咽喉。研究表明，在正常情况下，一个成年人进餐 10 分钟，大约要吞口水 50 次。

在 24 小时内，一个人的吞口水次数大约为 580 多次。在不同场合，人的吞口水频率也各不相同。坐着看书时，每小时吞口水次数达 37 次，说话时唾液增多，吞口水次数更高。人一生中会产生 23600 升唾液，足够装满两个奥运会游泳池。

9. 男人一辈子小便天数为 36 天，女人合计 40 天

一个人每天上几次厕所？有人估算，平均每天会小便 5 次，每次大约持续 20 秒。也就是说，人每天会小便近 2 分钟，每个月 1 小时，每年 12 小时。男人一辈子会有 36 天用来小便，而女人一生中则会用 40 天来小便。

10. 肌肉是人体的发动机

从解剖学来看，人共有 600 多块肌肉。

它们大大小小，长长短短，能伸能缩，配合默契，为人的每一个动作提供动力，因此有人把肌肉称为人体的发动机。如果全身的 3 亿根肌肉纤维朝一个方向一起收缩，则会产生 25 万牛顿的力，抵得上 1 部起重机所能提起的重量。而我们的十根手指，根本没有肌肉。人微笑的时候，牵动 17 根脸部肌肉，皱眉时牵动肌肉 43 条。

11. 打喷嚏的速度为每小时 177 千米

当人打喷嚏时，空气穿越餐桌的速度可以达到 177 千米/时，相当于英国驾车极限的一半。

12. 一生手指屈伸2500万次

有人估计，人的双手能做出上亿个动作。人的一生中除了睡觉以外，双手几乎从不休息，手指屈伸至少2500万次。

13. 人有200多根睫毛

许多人认为，又长又密又黑的眼睫毛特别迷人，人的眼睫毛到底有多长？研究发现，人的眼睫毛长约6至12毫米，上眼睑有100至150根，下眼睑有50至75根。眼睫毛会不断更新，它的平均寿命是3至5个月。

14. 如果把人的大脑皮层展开，捋平皱纹，可得到一张厚3毫米，面积为90×60平方厘米的"发面饼"。

15. 成年男子的大脑平均重1424克，到了老年要缩到1395克。男子大脑的重量纪录是2049克。正常的、未萎缩的大脑最轻为1096克。作为比较，9米长的恐龙的大脑只有核桃大小，重70克。

16. 人的神经系统的信号传递速度达到每小时288千米，到了老年，速度减慢15%。

17. 年龄越大耳朵越长。平均每10年耳朵长2.2毫米。

18. 人有100万～300万根头发。在可能的情况下，男人定期去理发店，一生中剃掉的头发有9到10米长。

19. 体重约70千克的人体包含的化学成分有：碳12千克、氢7千克、钙1千克，还有少量的碘、钴、锰、铝、铬和银等，而构成人体的元素中65%为氧。

20. 女人一生可吃掉25吨食物，喝掉3.7万升液体。男人一生可吃掉22吨食物，喝掉3.3万升液体。女人一生吃得比男人要多一些，是因为女人的平均寿命比男人要长。女人哭的次数是男人的5倍，结果她们的平均寿命比男人长7岁。

数学诗

　　数学诗融文、史、数、谜于一体，是古代一种常见的算题形式，它与现代的数学题相比，读起来更有意思，朗朗上口，但对我们现代人而言理解起来更难一点。

　　数学很抽象，又令人感到枯燥无味，怎样使数学易于理解，为人们所喜爱？在这方面，中国古代数学家做出了许多尝试，歌谣和口诀就是其中一种。从南宋杨辉开始，元代的朱世杰、丁巨、贾亨，明代的刘仕隆、程大位等都采用歌诀形式提出各种算法或用诗歌形式提出各种数学问题。

　　譬如歌剧《刘三姐》中，刘三姐与三位秀才（陶、李、罗）对唱，罗秀才："小小麻雀莫逞能，三百条狗四下分。一少三多要单数，看你怎样分得清。"刘三姐："九十九条打猎去，九十九条看羊来。九十九条守门口，还剩三条狗奴才。"

　　明代南海才子伦文叙为苏东坡《百鸟归巢图》题的数学诗：

天生一只又一只，三四五六七八只。

凤凰何少鸟何多，啄尽人间千石谷！

　　经运算："天生一只又一只'，是 $1+1=2$。"三四五六七八只"，乃 $3×4=12$，$5×6=30$，$7×8=56$。四组数字相加之和，正好是100只。这首诗有如智力游戏，启人以智。

　　数学诗又叫数谜诗。

　　数谜诗顾名思义就是数字猜谜诗，它似数字谜语，又似趣味数学。它犹如今天的一道趣算数题，文字表达采用古典诗可口可歌的形式表现出来，形式活泼生动。朱世杰的《四元玉鉴》《或可歌录》共有十二个数学问题，都采用诗歌形式提出。如第一题：

今有方池一所，每面丈四方停。

葭生两岸长其形，出水三十寸整。

东岸蒲生一种，水上一尺无零。

葭蒲稍接水齐平，借问三般（水深、蒲长、葭长）怎定？

第二题：

我有一壶酒，携着游春走。

遇店添一倍，逢友饮一斗。

店友经三处，没了壶中酒。

借问此壶中，当原多少酒。

设壶中原有酒 x 斗。遇店添一倍 $2x$，逢友饮一斗 $2x-1$，店友经三处，$2〔2(2x-1)-1〕-1$，没了壶中酒，$2〔2(2x-1)-1〕-1=0$。解得 $x=7/8$。

《四元玉鉴》（1303年）一书中：

院内秋千未起，离地极高一尺。

送行两步女娇嬉，五尺极高离地，

仕女佳人争蹴，终朝语笑欢戏，

良工高士请言知，借问索长有几？

答：14.5尺。

《苏武牧羊》

苏武当年去北边，不知去了几周年。

分明记得天边月，二百三十五番圆。

答：19年余7个月。

《妇人洗碗》

妇人洗碗在河滨，试问家中客几人。

答曰不知人数目，六十五碗自分明。

二人共食一碗饭，三人共吃一碗羹。

四人共肉无余数，请君细算客几人。

答：共有客人60人。饭碗：30（个）；羹碗：20（个）；肉碗：15（个）。

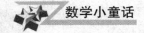 数学小童话

奇数和偶数

活动课上，黑熊老师笑着对大家说："我们来做个游戏好不好？"

"好！"小动物们齐声回答。"请你们每位准备两张小纸条。"黑熊老师清了清嗓子说。小动物们不知道黑熊老师要他们做什么游戏，一个个兴奋得眼睛发亮，很快都把小纸条准备好了。

黑熊老师环视一下全班同学，说："请你们在两张小纸条上分别写一个奇数和一个偶数，写好后，两手各握一张。不要给我看也不要给你身边的同学看。"

小动物们不久前刚学过关于奇数和偶数的知识，不一会儿，大家都完成了黑熊老师提出的要求。"听着，"黑熊老师一字一句清晰地说道："你们各位都请将右手中的数乘2，左手中的数乘3，再把乘积相加。不要算出声音来。"

等小动物们一个个都算好了，黑熊老师又叫算出得数是奇数的小动物们排成一队；得数是偶数的排成一队。小动物们都站好了，一个个感兴趣地看着黑熊老师，猜测着他下一步要他们做什么。

"好了！"黑熊老师指着得数是奇数的那排小动物说："你们左手握的都是奇数。"

他又指着另一排小动物说："你们左手握的都是偶数。"

两排小动物们摊开手掌一看，可不是，黑熊老师猜得完全正确。

小动物们惊奇极了，忍不住纷纷问道："老师，您是怎么知道的？"

黑熊老师于是分析道：

"奇数×2＝偶数　　　　　　　奇数×3＝奇数

偶数×2＝偶数　　　　　　　　偶数×3＝偶数

偶数＋偶数＝偶数　　　　　　　偶数＋奇数＝奇数

左手是奇数时，奇数×3是奇数，奇数＋偶数（右手中的偶数×2），结果是奇数。

而右手是奇数时，奇数×2成偶数，偶数＋偶数（左手中的偶数×3），结果是偶数。

这就是最后结果与左手中数字奇偶相同的原因，也即我这个猜法的根据。"

小动物们恍然大悟……

狐狸开公司

狐狸在森林里开了一家服装公司，生意日渐火红起来。可是公司的员工却十分不满，原来雇用的员工们每天工作强度很大，但工资却很低。员工们每天从早

忙到晚上，得不到休息，而得到的工资又不多，所以它们集体罢工，要求减轻工作量，增加工资。

狐狸想：与其给原来职工加工资以求保住员工，还不如招一批新工人合算。因为即使给它们低工资，一时半会儿也不会闹事。于是马上印了许多广告到处张贴，说："本公司平均工资1800元，名额有限，欲报从速。"

小老虎听说了以后，心想一个月1800元工资还不错，于是到公司报名。狐狸对小老虎说："我们公司的平均工资是1800元，你愿意到我们公司工作吗?"小老虎表示同意，狐狸马上录用了它，签约工

作合同1年。

第一个月，小老虎干得非常卖力。到了月底，小老虎高高兴兴地去领工资，等钱拿到手后，一数钱怎么才800元呢？小老虎气呼呼地找到狐狸责问为什么不是1800元，而只给了800元。狐狸狡猾地一笑说："我说的是员工平均工资是1800元呀！既然是平均数，那自然就有高有低了。"狐狸像变戏法一样，从桌里拿出一张表格：

职务	经理	副经理	员工
人数/人	1	2	12
月工资/元	10000	3700	800

本公司职员平均工资：

（10000×1+3700×2+800×12）÷（1+2+12）

=（10000+7400+9600）÷15

=27000÷15

=1800（元）

指着这张表格说："看见了吗？本公司的平均工资确实是1800元。"小老虎迷惑了："难道平均工资1800元，不是每个工人1800元吗？"小朋友，你能告诉小老虎是什么原因吗？

答案从狐狸提供的工资表中可以得出，全体职员的平均工资确实为1800元，但是员工的工资只有800元，而经理及副经理的工资大大高于员工的工资。这表明极高的数值对平均数有影响，可以将其提高。同时，也说明平均数不具有当然的确定性，不能反映员工的真实收入水平，这也是平均数的一个缺陷。

快乐猜猜看

数学谜语竞猜

1. 两牛打架（数学名词）——对顶角

2. 三十分（数学名词）——三角

3. 再见吧，妈妈（数学名词）———分母

4. 大同小异（数学名词）——近似值

5. 1、2、3、4、5（成语）——屈指可数

6. 1000×10＝10000（成语）——成千上万

7. 八分之七（打一成语）——七上八下

8. 道路没弯儿（数学名词）——直径

9. 风筝跑了（数学名词）——线段

10. 高峰（数学名词）——顶点

11. 齐头并进（数学名词）——平行

12. 废律（数学名词）——除法

13. 大家发表意见（数学名词）——商

14. 五角钱（数学名词）——半圆

15. 七天七夜（数学名词）——周长

16. 不用再说（猜数学名词）——已知

17. 搬来数一数（猜数学名词）——运算

趣题大本营

"脑筋急转弯"——巧解趣题

数学中有一些妙趣横生的问题,有的无法归入哪一类,有的解法异于常规。解答这类问题时,我们要突破常规思维,不妨来个"脑筋急转弯",也许就能找到解决问题的巧妙方法。

例1:一个城镇共有5000户居民,每户居民的子女都不超过2个。一部分家庭有1个孩子,余下的家庭的一半每家有2个孩子,另一半没有孩子,这个城镇共有多少个孩子?

分析与解答:此题乍一看令人生畏,若考虑余下的家庭的一半每家有2个孩子,另一半没有孩子,则可得如下新颖的解法。这个城镇每家有关孩子的情况共有三种:(1)有1个孩子;(2)有2个孩子;(3)没有孩子。题目告诉我们"这个城镇一部分家庭有1个孩子,余下的家庭的一半每家有2个孩子,另一半没有孩子",根据平均数问题"补多补少"的原则,可把每家有2个孩子中的一个,移给每家没有孩子的家庭,这样这个城镇正好每家都有1个孩子,所以这个城镇共有5000个孩子。

例2:有两只桶和一只空杯子,甲桶里装的是牛奶,乙桶里装的是水(未满)。现在从甲桶里取出一满杯牛奶倒入乙桶,然后再从乙桶里取出一满杯混合液倒入甲桶,这时甲桶里的水多还是乙桶里的牛奶多?为什么?

分析与解答:此题如果考虑浓度比例进行计算会十分烦琐,我们不妨这样想:甲桶里的水是从乙桶里取出来的,乙桶里所少的水正好被甲桶里取出来的牛奶所补充,因此甲桶里的水和乙桶里的牛奶一样多。

竞赛加油站

四年级上册趣味数学竞赛试题

一、火眼金睛，数学高速路。把正确答案前面的序号填在括号里。

1. 学校有排球、足球共50个，排球比足球多4个，排球和足球分别有（ ）个。

A. 27；23 B. 23；27 C. 25；29

2. 0.1+0.2+0.3+0.4+0.5+0.6+0.7+0.8+0.9+1= （ ）

A. 4.5 B. 55 C. 5.5

3. 小明今年10岁，9年后的年龄与哥哥今年的年龄相等，哥哥今年（ ）岁。

A. 20 B. 19 C. 29

4. 甲数比乙数大297，甲数的小数点向左移动两位，正好和乙数相等，甲乙两数各是（ ）

A. 3；300 B. 300；3 C. 0.3；30

5. 妈妈买回不到20个鸡蛋，3个3个地数正好数完，5个5个地数就多3个，请问妈妈买了（ ）个鸡蛋。

A. 20 B. 15 C. 18

6. 四年级有60个同学去栽树，平均每人栽4棵，恰好栽完。随后又派来一部分同学，这时平均每人栽树3棵就可完成任务，又派来（ ）名同学。

A. 4 B. 6 C. 5

7. 有几位同学一起计算他们语文考试的平均分，梓涵的得分如果再提高13分，他们的平均分就达到90分，梓涵的得分如果降低5分，他们的平均分就只有

87分，那么这些同学共有（　　）人。

A. 4　　　　　　　　　　B. 6　　　　　　　　　　C. 5

8. 爸爸、妈妈和我分别掰了9个玉米，小弟弟掰了6个。问我们全家一共掰了
（　　）个玉米。

A. 33　　　　　　　　　B. 36　　　　　　　　　C. 21

二、巧思妙解，生活万花筒。

1. 小兰期末考试时语文和数学的平均分是96分，数学比语文多4分。小兰语
文、数学各得多少分？

2. 小红和妈妈的年龄加在一起是40岁，妈妈的年龄是小红年龄的4倍，小红
和妈妈各是多少岁？

3. 幼儿园新买回一批小玩具。如果按每组10个分，则少了2个；如果按每组
12个分，则刚好分完，但却少分一组。请你想一想，这批玩具一共有多少个？

参考答案：

一、1.A　2.C　3.B　4.B　5.C　6.C　7.B　8.A

二、1. 96×2=192（分）　　（192-4）÷2=94（分）

94+4=98（分）

答：小兰语文、数学分别得94、98分。

2. 40÷（4+1）=8（岁）　　8×4=32（岁）

答：小红和妈妈分别是8、32岁。

3.（12-2）÷（12-10）=5（组）

10×5-2=48（个）

答：这批玩具一共有48个。

数学万花筒

重叠之美与数学

有重叠的地方往往就有美。中国民族风俗很讲究成双结对，文学里也有"双声""叠韵"等说法。在号称"人间天堂"的杭州，就有这样两副对联。其中之一是：

翠翠红红处处莺莺燕燕，

风风雨雨年年暮暮朝朝。

另一处则见于孤山中山公园的一座方亭，横匾题着"西湖天下景"五个大字，亭柱上悬挂着一副楹联：

山山水水，处处明明秀秀；

晴晴雨雨，时时好好奇奇。

西湖的山山水水，处处明媚秀丽。这两副对联写出了人们对杭州与西湖山水的共同感受，让人引起共鸣。不过对联的叠字毕竟有限，我们能否把重叠之美推向无限？这就得借助数学的力量了。出发点极其简单：3×4＝12。

接下去可以写出第二式：33×34＝1122。

重叠之美开始露头了，我们可以接下去看看第三式、第四式：333×334＝111222；3333×3334＝11112222。

当然重叠之美不限于此，只要你多留意，将能够欣赏到更多的"数学之美"。

箱子装了什么

三个箱子，里面装有水果：一个装有50个苹果，一个装有50个梨，一个装有25个苹果和25个梨。三个箱子上各贴了一个标签，分别写有"50个苹果""50个梨""25个苹果+25个梨"。现在知道这三个箱子上面贴的标签都是错的（标签与里面装的真实水果不符合）。问题是，你最少可以取几个水果，判断出3个箱子各装了什么？

数学小知识

——奇妙的人体数字

1. 人体组成细胞有60兆个，细胞可以长达1米，小肠细胞只有一天的寿命。人类的体细胞有46条染色体，而卵子、精子的染色体只有23条。

2. 人类的基因总数为32000个，DNA有97%都是"垃圾"，DNA全部连接起来有120兆米，患癌症最少与五种基因的异常有关。

3. 眼睛，眨一次1 / 24秒；每天留下各种不同的影像高达5万种以上。一个正常人的眼睛，可以看到和分辨出700万种深浅层次不同的颜色。人眼很敏锐，在没有月亮的黑夜，站到高处，可以看到80千米以外燃烧的火柴光。

4. 成人的肺在胸腔扩张最大时，能容纳4.5千克半的空气；肺由很多很小的肺泡组成。肺泡为肺内最小的呼吸单位，略呈半球形，表面积和空气相互接触。肺的吸收面积约为13万平方厘米，换言之，同一间小房子的占地面积那般大，肺的内表面积是皮肤表面积的五十倍。

5. 你的身体到三十岁以后，便开始逐渐缩短，不过缩得很少，每天仅缩短十万分之七英寸。可是积少成多，再过二十年，你可能已缩短了半英寸。

6. 一个人的皮肤合计面积有1.8平方米，假定每平方厘米的面积上能承受1千克的空气压力，则全身皮肤可经受18000千克的重量，也就是我们男人或女人，身上负荷了九辆或十辆大汽车的重量而泰然自若。

7. 人身体上的皮肤最薄的有0.5毫米，最厚的约4～5毫米（手掌、脚跟皮厚约4毫米，而眼皮、耳朵等部位只有0.5毫米厚），人的皮肤重量约占体重的1/20。一个成人的皮肤，展开后面积约2平方米。每平方米的皮肤有14000个毛孔，如果把这些毛孔逐一连接起来，可以做成一根60米长的小自来水管。一个体重67千克的男子，其所有的脂肪，只能制成7块肥皂。每个人在其一生中，平均脱落的皮肤，其总重量超过227千克。

8. 人体内的红细胞，其生存寿命大约为4个月。这期间，它在人体内所走的路程，约为1609千米。

9. 在一秒钟之内，我们的脑中，有超过10万种不同的化学反应在进行，这些化学反应使我们产生思想、情绪及动作。

10. 每一日，大约有14立方米的空气，通过我们的气管，由气管加以清洁、润温和加热。这股温热气体，足可以充满300多个大型气球。

11. 大脑中的神经细胞有100亿个左右。每一个神经细胞的直径仅有十万分之一厘米，体积仅有一千万分之一立方厘米。大脑皮层上大约有十亿个沟、回。如果把这些沟、回铺展开来，面积约有2000多平方厘米。但大脑的需血量很大，每分钟流经脑的血液有700多毫升，占心脏输出血量的1/6。人脑中的血管纵横交错，总长度达12万米以上。

12. 人体24小时内释放出来的热量，可以烧沸5千克的冷水。

13. 一个人平均每天说话大约1小时。这样一来，每个人一生中在谈吐上的时间共有两年半左右。假如把每人一生说的话记录在纸上，那么合订起来将是一部由一千卷组成的巨著，而每卷各有400页厚。

14.“生命就是血”。人体需要的氧气和营养，通过血液才能输送到全身各个组织和器官；同时，各个组织和器官在新陈代谢中产生的废物和二氧化碳，也由血液收集和运送到有关器官，然后排出体外。

人体的任何部位被刺破了，都会流出鲜红的血液，可见血管是密布全身的。血管有大动脉、中动脉、小动脉、毛细血管以及小静脉、中静脉和大静脉，它们纵横交错、密密麻麻地布满了人的全身。

说来也许你不信，一个七尺男儿身上的血管，大大小小竟有1000多亿条。如果把它们首尾连接起来，竟有10万多千米长。要知道，绕地球一周刚好是4万千米。那就是说，人体血管的长度可以绕地球两周半。

数学诗

数学诗又叫数谜诗。

数谜诗顾名思义就是数字猜谜诗，它似数字谜语，又似趣味数学。它犹如今天的一道趣算数题，文字表达采用古典诗可口可歌的形式表现出来，形式活泼生动。

《工钱几分》

今有四人来做工，八日工价九钱银。

二十四人做半月，试问工钱该几分。

答：101.25 钱。

《按率要粮》

三人二日四升七，一十三口要粮吃。

一年三百六十日，借问该粮几多食。

答：366.6 斗。

《轮流骑马》

今有程途二千七，十八人骑马七匹。

言定十里转轮骑，各人骑行怎得知。

答：一匹马轮转次数：270，每人骑同一匹马次数：15，每人骑同一匹马所行里数：150（里），每人轮转7匹马所走里数：1050里，每人步行里数：1650里。

《舟载油盐》

一斤半盐换斤油，五万斤盐载一舟。

斤两内除相为换，须教二色一般筹。

题意为交换后使船中油盐的数量一样多。

解：一斤半盐换斤油，即每2.5斤盐中，应有1斤油和1斤盐，所以船中载油盐数各为20000斤。

《赵嫂绩麻》

赵嫂自言快绩麻，李宅张家雇了她。

李宅六斤十二两，二斤四两是张家。

共织七十二尺布，二家分布闹喧哗。

惜问高明能算士，如何分得市无差。

答：54尺，18尺。

《分添船价》

邻家有客乱争喧，相见问其所以然。

二百三十六担货，程途远近论船钱。

九十五担六分算，八十五担四分还。

更有五十六担货，二分五厘算为先。

只因剥浅争船价，二两万钱二分添。

请问高明能算士，各人分派免扰煎。

答：甲原付船钱：6分×95＝570分，乙原付船钱：340分，丙原付船钱：140分，三人原共付船钱：1050分。甲应添船钱：1.368两，乙应添船钱：0.816两，丙应添船钱：0.336两。

《鸡兔同笼》

今有鸡兔同笼，上有三十五头。

下有九十四足，问鸡兔各几何？

答：兔2鸡23。

笼中装满鹅与兔，七十二双眼睛露；

数脚正好二百只，多少鹅来多少兔？

答：兔28鹅44。

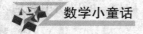 数学小童话

0和它的数字兄弟

有一天，森林里面来了一群特殊的"客人"。它们长相很特别，动物们都很奇怪，要求他们一一介绍自己。

第一个走出来一个瘦子，它说："我是1，像支铅笔细又长。"

接着又走出一个说："我是2，像只小鸭水上漂。"

第三个说："我是3，像只耳朵听声音。"

"我是4，像面小旗随风飘。"

"我是5，像支衣钩挂衣帽。"

"我是6，像棵豆芽咧嘴笑。"

"我是7，像把镰刀割青草。"

"我是8，像支麻花拧一道。"

"我是9，像把勺子能盛饭。"

"我是0，像个鸡蛋做蛋糕。"

他们介绍完了，小鹿又问道："你们中间谁最大？谁最小呢？"

9站出来，很骄傲地说："我是9，我最大。"

0耷拉着脑袋说："我最小。"

"对，就是这个表示什么都没有的0。"9用冷淡的口气说道。

9刚说完，动物们和它的数字兄弟都笑了。0更加不好意思了，动物们看到0这么没有用，都不愿意和它一起玩。它们在一起唱呀！跳呀！非常开心。

突然一只大象不小心掉进一个洞里面，洞很深，又很黑，大象在里面挣扎了

很久，用了很大的力气总想爬上来，它爬呀爬累得满头大汗，腿也挂破了，鲜血直流。可是，怎么也爬不上来，它只好在里面大声喊："救命呀！救命呀！"

动物们听到了，就纷纷跑到洞口边，想把大象救出来。数字1到9也来帮忙了。他们组成最大的数字987654321，显示了最大的力量，但是他们费了九牛二虎之力，也没有把大象拉上来。

这个时候，只听见后面有一个微弱的声音说道："我也来试试。"它们一看是0，就勉强地同意它也来帮忙。它们重新组成数字9876543210，它们的力量一下子就增大了10倍。哈哈……一下子就把大象拉上来了。

动物们都很感谢数字兄弟，同时也为冷落了0感到愧疚，它们都来到0的身边，愿意和0做朋友。数字兄弟也开始重视0了，愿意和它一起玩耍。

从此以后，0再也不自卑了，它觉得自己还是很有用的。

三角形的故事

一天深夜，三角形们趁小主人熟睡之际，都偷偷地从书包里溜了出来，大家叽叽喳喳地讲开了。

首先发言的是等边三角形，它神气活现地说："瞧，我身材多匀称，体形多美妙，我的每一条边都一样长，每个角都是60°，我长得最棒，又是轴对称图形，有三条对称轴呢！"

等腰三角形也不甘落后，大声说："你的体形有什么好，我才长得帅呢！看看我吧，我的两条边相等，两个底角相等，孙悟空的七十二变我都会，两个底角可大可小，不像你，上下左右都长得一个样，是头是脚连自己都分不清，更不用说让我们这些小伙伴来辨认了。"

等边三角形听了，不服气地对等腰三角形说："你的功能我都有，小伙伴们都说我是你的一种特殊情形呢！"等腰三角形听后，生气地跳了起来，继续说道："你算什么，我的身材最苗条，你看我，既有头，也有脚，人们习惯地把我的头称顶角，两只一样大的脚叫底角。我也是轴对称图形，不像你那么多，我只有一条对称轴就足够用了，既是底边上的中线，也是底边上的高，同时又是顶角的平分线，可谓合三为一，你说我神奇不神奇。"

听到这里，斜三角形发表意见了，它说："你们两个就别争了，论身材你们是比我好看了一些，但论用途，我并不比你们差，我的任意两条边的和大于第三边，任意两边之差小于第三边，我只要轻轻一变，就能变成你们的模样，你们两个也只不过是三角形的一种特殊情形罢了！"

就这样，兄弟三个谁也不服谁，都说自己最重要。

它们的争吵终于把小主人吵醒了，小主人对它们说："你们各有各的特点和用途，说得都有道理。但是，你们都只看到了自己的长处，却没有看到自己的缺点，其实，你们都是拴在一根绳子上的几个蚂蚱。比如说，所有的等边三角形一定都是锐角三角形，而三角形中有的是直角三角形，有的却是锐角三角形，有的还是钝角三角形？真是你中有我，我中有你，谁也离不开谁，你们说对吗？再想想，你们的姐妹锐角三角形、直角三角形、钝角三角形不也长得挺俊吗？它们几个可团结了，也很谦虚，可不像你们几个那样骄傲，自吹自擂。尤其是小妹妹等

腰直角三角形，它有一个角是直角，另外两个底角也相等，还等于45°，又是对称图形，而且斜边的平方还等于两条直角边平方的和，它在我们日常生活中的用途才更广呢。你们几个应该好好向它学习。说实在的，在我们平常的生活中，无论少了你们谁，世界都不会那样美丽，也不会那么精彩，就让你们这些图形们团结起来，共同去描绘这美丽又神奇的世界吧！"

三角形兄弟听了小主人的话后，都悄悄地回到书包里去了。

快乐猜猜看

数学谜语竞猜

1.一加一不是二。（打一字）

2.一减一不是零。（打一字）

3.你盼着我，我盼着你。（打一数学名词）

4.七六五四三二一。（打一数学名词）

5.八分之七。（打一成语）

6.一直不来。（猜数学名词一）

7.不用再说。（猜数学名词一）

8.搬来数一数。（猜数学名词一）

9.隔河相答。（猜数学名词一）

10.再算一遍。（猜数学名词一）

11.招收演员。（猜数学名词一）

12.十八斤。（猜数学名词一）

13.司药。（猜数学名词一）

14.请人做事。（猜数学名词一）

15.查账。（猜数学名词一）

16.大家的样子。（猜数学名词一）

17.小小的房子。（猜数学名词一）

18.千刀万割。（猜数学名词一）

趣题大本营

猜猜凑凑

有些数学题可以用猜猜凑凑的方法求出答案。猜，很难一次猜中；凑，也不一定凑得准。那不要紧，再猜再凑，对于比较简单的问题，最终总能凑出答案来。数学家说，猜猜凑凑也是一种数学方法，它的正式名字叫"尝试法"。有时，它还是一种极为有效的方法，数学上的有些重大发现往往都是大数学家们大胆地猜出来的。猜，要大胆；凑，要细心。要知道猜得对不对，还要根据题目中的条件进行检验。下面举例说明。

> 例1：小明心中想到三个数，这三个数的和等于这三个数的积，你知道小明想的三个数都是什么吗？

解：猜——小明想的三个数是1、2、3。

检验：1+2+3=6

1×2×3=6

所以 1+2+3=1×2×3，对了！

> 例2：一些老人去赶集，买了一堆大鸭梨，一人一梨多一梨，一人两梨少两梨，问几个老人几个梨？

解：猜——可以从小数猜起。2个老人3个梨。

检验：2个老人3个梨符合一人一梨多一梨的条件。但是不是符合另一个条件呢？先看：若一人分两梨，两个老人就需要4个梨，因为假设3个梨，这样就会减少（4-3）1个梨，这不符合。

再猜——若是3个老人4个梨呢？显然这符合第一个条件。再看第二个条件是不是也符合呢？若是一个老人分2个梨3个老人就需要6个梨，假设有4个梨，这样就少（6-4）2个梨，对了！所以最后答案就是3个老人4个梨。

> **例3**：甲、乙、丙三个小朋友在操场上跑步。甲2分钟跑一圈，乙3分钟跑一圈，丙5分钟跑一圈。如果他们三人同时从同一起点起跑，问多少分钟后他们三人再次相遇？

解：猜与凑。先猜过6分钟后，甲跑了3圈，乙跑了2圈，他们在起跑点又相遇了。再看丙是否能与他俩相遇呢？丙5分钟跑了1圈多一点，错过了。丙没能与甲、乙相遇在一起。

若再过6分钟，即12分钟后，甲与乙又相遇了。但是丙还不能与甲、乙相遇。因为12÷5=2（圈）……2，即丙跑了2圈又多一些。

这样，已看出一个规律了，能够估计出起跑后经过5个6分钟，即6×5=30分钟，这时丙跑了30÷5=6圈整，这样丙就能够与甲、乙相遇了。

 竞赛加油站

四年级下册趣味数学竞赛试题

一、火眼金睛，数学高速路。把正确答案前面的序号填在括号里。

1.小兔种了5行萝卜，每行9个。送给邻居兔奶奶15个，还剩（   ）个。

A. 60   B. 45   C. 30

2.小明的存款数是小刚的3倍，现在小明取出380元，小刚取出110元，两人的存款数变得同样多。小刚原来存款（   ）元。

A. 135   B. 245   C. 330

3.师徒两人加工同样多的一批零件，师傅加工了102个，徒弟加工了40个，这时，徒弟剩下的个数是师傅的3倍。师傅还要加工（   ）个零件。

A. 142   B. 93   C. 31

4.杨栋有面值2元、5元纸币共30张，一共是90元，面值2元、5元纸币各有（   ）张。

A. 20；10   B. 10；20   C. 15；15

5.小明有书18本，小芳有书8本，现在又买来16本，小明拿（   ）本后小明的本数是小芳的2倍。

A. 9   B. 8   C. 10

6.一块长方形木板，长是宽的2倍，周长54厘米，这块长方形木块的面积是（   ）平方厘米。

A. 1568   B. 162   C. 108

7. 甲水池有水 60 吨，乙水池有水 30 吨，如果甲水池的水以每分钟 3 吨的速度流入乙水池，那么（　　）分钟后，乙水池的水是甲水池的 2 倍。

A. 10　　　　　　　　　　B. 15　　　　　　　　　　C. 20

8. 四个人年龄之和是 77 岁，最小的 10 岁，他和最大的人的年龄之和比另外二人年龄之和大 7 岁，最大的年龄是（　　）岁。

A. 42　　　　　　　　　　B. 32　　　　　　　　　　C. 52

9. 舒琪自行车厂计划每天生产自行车 100 辆，可按期完成任务，实际每天生产 120 辆，结果提前 8 天完成任务，这批自行车有（　　）辆。

A. 1200　　　　　　　　　B. 4800　　　　　　　　　C. 3600

10. 小明买了 3 个笔记本，用去 12 元。又买了同样的 6 个笔记本，小明买笔记本共用了（　　）元钱。

A. 108　　　　　　　　　　B. 42　　　　　　　　　　C. 36

二、巧思妙解，生活万花筒。

1. 张老师买回篮球比足球多 83 个球，其中篮球比足球的 2 倍多 5 个，这两种球各有多少个？

2. 鸡兔共 30 只，共有脚 70 只，鸡兔各有多少只？

3. 在一次歌咏比赛时，王东同学站在一个梯形方阵的队伍里，他往后面看，有 4 排，往前面看，也是 4 排，已知第一排有 6 名同学，以后每排比前面多 1 名同学，问这个歌咏队共有多少人？

参考答案：

一、1.C 2.A 3.C 4.A 5.C 6.B 7.A 8.A 9.B 10.C

二、1.（83−5）÷（2−1）=78（个）

78×2+5=161（个）

答：这两种球分别有78个、161个。

2. 30×2=60（只）

70−60=10（只）

4−2=2（只）

10÷2=5（只）

30−5=25（只）

答：鸡、兔分别有25只、5只。

3. 4+4+1=9（排）

6+7+8+9+10+11+12+13+14=（6+14）×9÷2=90（人）

答：共有90人。

中国古代数学家（一）

——祖冲之

　　亲爱的小朋友们，请和我一起走进我国古代数学家的故事，荡涤我们的心灵，他们是最可爱的人。

　　祖冲之（429—500）字文远，是南北朝时期杰出的数学家和天文学家。祖籍范阳遒县（今河北涞水），先世迁居江南。父祖皆谙熟天算，学识渊博，为时人所敬重。冲之少传家业，青年时代入华林学省，从事学术研究。此后，历仕刘宋、南齐，官至长水校尉。他在数学、天文历法、机械制造等方面都有重大成就。

　　在数学方面，祖冲之推算出圆周率π的不足近似值（朒数）3.1415926 和过剩近似值（盈数）3.1415927，指出 π 的真值在盈、朒两限之间，即 3.1415926＜π＜3.1415927，并用以校算新莽嘉量斛的容积。这个圆周率值是当时世界上最先进的数学成就，直到 15 世纪阿拉伯数学家阿尔·卡西和 16 世纪法国数学家韦达（1540—1603）才得到更精确的结果。祖冲之还确定了两个分数形式的圆周率值，约率 π=22/7（≈3.14），密率 π=355/113（≈3.1415929），其中密率是在分母小于 1000 条件下圆周率的最佳近似分数。密率为祖冲之首创，直到 16 世纪才被德国数学家奥托（1550—1605）和荷兰工程师安托尼兹（1543—1620）重新得到。在西方数学史上，这个圆周率值常被称为安托尼兹率。祖冲之和其子祖暅，在刘徽工作的基础上圆满地解决了球体积计算问题。他们得到下列结果："牟合方盖"（底径相等的两圆柱直交之公共部分的体积相等）。

推算过程中提出了"幂势既同，则积不容异（二立体等高处截面积恒相等，则二立体体积相等）"原理。这个原理，直到17世纪才为意大利数学家卡瓦列利（1598—1647）重新提出，而被称为卡瓦列利原理，中国现在一般称为祖暅公理。据《隋书·律历志》记载，祖冲之对于二次方程和三次方程也有研究。他所著《缀术》一书，是著名的《算经十书》之一，曾被唐代国子监和朝鲜、日本用作算学课本，惜已失传。

在天文历法方面，祖冲之在长期观测、精确计算和对历史文献深入研究的基础上，创制了《大明历》。他最早把岁差引进历法，提高历法的精确性，这是中国历法史上的重大进步。他还采用了391年有144个闰月的新闰周，突破了沿袭很久的19年7闰的传统方法。《大明历》中使用的数据，大多依据长期实测的结果，相当精确。按照祖冲之的数据计算，一个回归年的日数为365.24281481平太阳日。一个交点月的日数为27.21223平太阳日，关于木星（当时称岁星）每84年超辰一次的结论，相当于求出木星公转周期为11.858年。这些都非常接近现测数值。他所推算的五大行星会合周期，也是当时最好的结果。他还发明了用圭表测量冬至前后若干天的正午太阳影长以定冬至时刻的方法。这个方法也为后世长期采用。宋孝武帝大明六年（462），祖冲之上书刘宋朝廷，请求颁行《大明历》，但遭到皇帝宠臣戴法兴的反对。戴法兴指责引进岁差和改革闰周等违背了儒家经典，是"诬天背经"。祖冲之据理力争，针锋相对地写了一篇辩驳的奏章。他表示"愿闻显据，以核理实"，并引用历史文献和天象观测的大量事实，逐条批驳了戴法兴的论点。他明确指出天体运行"有形可检，有数可推"，是有规律的。科学在不断进步，人们不能"信古而疑今"，充分体现了一位科学家坚持真理、革旧创新的可贵精神。但是，祖冲之生前《大明历》未能颁行。后经祖暅三次上书朝廷，推荐《大明历》，终于在梁武帝天监九年（510）被采用颁行，前后行用八十年，对后世历家产生了重大的影响。

祖冲之是一位博学多才的科学家和发明家。对于机械原理也很有研究。他曾设计制造水碓磨（利用水力加工粮食的工具）、铜制机件传动的指南车、一天能走百里的"千里船"和"木牛流马"等水陆运输工具。还设计制造过漏壶（古代计时器）和巧妙的欹器，并精通音律。他的著述很多，《隋书·经籍志》著录有《长水校尉祖冲之集》五十一卷，散见于各种史籍记载的有《缀术》《九章算术注》《大明历》《驳戴法兴奏章》《安边论》《述异记》《易老庄义》《论语孝经释》等。其中大部分已失传，现在仅能见到《上大明历表》《大明历》《驳戴法兴奏章》《开立圆术》等有限的几篇。其子祖暅、孙祖皓也都是南朝有名的天文学家和数学家。

为了纪念和表彰祖冲之在科学上的卓越贡献，人们建议把密率355/113称为"祖率"，紫金山天文台已把该台发现的一颗小行星命名为"祖冲之"，在月球背面也已有了以祖冲之名字命名的环形山。

中国古代数学家（二）

——杨辉

杨辉，中国南宋时期杰出的数学家和数学教育家。在13世纪中叶活动于苏杭一带，其著作甚多。

他著名的数学书共五种二十一卷。著有《详解九章算法》十二卷（1261年）、《日用算法》二卷（1262年）、《乘除通变本末》三卷（1274年）、《田亩比类乘除算法》二卷（1275年）、《续古摘奇算法》二卷（1275年）。

他在《续古摘奇算法》中介绍了各种形式的"横图"有关的构造方法。同时，杨辉继承了沈括的"积术"，是关于高阶等差级数的研究。杨辉在"类"方面，将《九章算术》中的246个题目按解题方法由浅入深的顺序，重新分为乘除、分率、合率、互换、二衰分、叠积、盈不足、方程、勾股等九类。

唐诗中的数学

　　唐代诗人在诗中使用数字极为广泛，有些诗因运用数字出色，被广泛流传。如张祜的《宫词》："故国三千里，深宫二十年。一声何满子，双泪落君前。"全诗仅二十字，数字竟占一半，正是这一半的数字，使其成为名诗。

　　古代诗人骆宾王善于使用数字对，如："山河千里国，城阙九重门""秦地重关一百二，汉家离宫三十六"……诗歌节奏鲜明，时人称之为数博士。

　　数字本是枯燥的，但诗人运用得巧妙，加减乘除，无所不用，因语境不同，各显光彩，白居易、李白等人在这方面的才能尤为突出。

一、加法入诗

　　"五言五百篇，七字七十九。三字二十一，都来六百首。——寒山《五言五百篇》"这首诗前三句相加：五百篇加七十九篇加二十一篇，正好得第四句之总和六百篇。诗人用几个拆开的数字相加，体现了他创作的丰富。

　　"举杯邀明月，对影成三人。——李白《月下独酌》"这是含蓄的暗加法，"诗人"加"影子"加"月亮"，汇总成三个人。

二、减法入诗

　　"人生百岁七十稀，设使与汝七十期。汝今年已四十四，却后二十六能几时。——白居易《自悔》"

　　七十岁减四十四岁，等于二十六年，以时间之长短，悟出生命之短暂，表现了诗人中年奋发自励之情。

　　"三男邺城戍，一男附书至，二男新战死。——杜甫《石壕吏》"三个儿子只有一个书信来，剩下两个儿子全都战死了，此诗用准确数字，采取拆减方法啼诉，声声血泪，字字悲苦。

三、乘法入诗

"当时我醉美人家，美人颜色娇如花。今日美人弃我去，青楼珠箔天之涯。天涯娟娟姮月娥，三五二八盈又缺。——卢仝《有所思》"诗中"三五"之积为十五，指月盈之期；"二八"之积为月亏之期，借月的盈亏数字，表现时间的流逝。

"穷冬月末两三日，半百年过六七时。——白居易《戊申岁末咏怀》""半百"是指五十岁，"六七时"是指六乘七的积，说明诗人写此诗时是四十二岁。

"百年三万六千日，一日须倾三百杯。——李白《襄阳歌》"一年是三百六十日，百年即一百乘三百六十，得三万六千日，这里将乘积写进诗中，有夸张的效果。

四、除法入诗

"莫言三十是年少，百岁三分已一分。——白居易《花下自劝酒》"百岁的三分之一约是三十岁，以除法表现作者用时间自警。

"我年三十六，冉冉昏复旦。人寿七十稀，七十新过半。——白居易《曲江早秋》"三十六刚好超过七十的一半三十五，说明诗人时年三十六岁，这里用除法说明人生过半，时不待我。

唐诗中运用数字的例子是不胜枚举的，从中我们可窥见数字在诗人笔下所产生的审美情趣是多么神奇，或实指，或虚拟，为我们提供了宝贵的历史资料，增添了诗歌的趣味性，展示了诗歌的艺术魅力。

小朋友们，读完以后是不是大吃一惊，"唐诗中的数学"还有什么呢？让我们行动起来，一起找找吧！

用数学书写的人生格言

有一句著名的格言说数学比科学大得多，因为它是科学的语言。数学不仅用来写科学，而且可以用来描写人生。小朋友们，今天我们来介绍几位古今中外名人的人生格言，它们都是用很简单的"数学"（数字、符号、数学概念、式子等）来表达的，请你们体会它们是多么的深刻、绝妙。

一、用"数"写格言

1. 王菊珍的百分数

我国科学家王菊珍对待实验失败有句格言，叫作"干下去还有50%成功的希望，不干便是100%的失败"。

2. 托尔斯泰的分数

俄国大文豪托尔斯泰在谈到人的评价时，把人比作一个分数。他说："一个人就好像一个分数，他的实际才能好比分子，而他对自己的评价好比分母。分母越大，则分数的值就越小。"

3. 雷巴柯夫的常数与变数

俄国历史学家雷巴柯夫在利用时间方面是这样说的："时间是个常数，但对勤奋者来说，是个'变数'。用'分'来计算时间的人比用'小时'来计算时间的人时间多59倍。"

二、用"符号"写格言

4. 华罗庚的减号

我国著名数学家华罗庚在谈到学习与探索时指出："在学习中要敢于做减法，

就是减去前人已经解决的部分，看看还有哪些问题没有解决，需要我们去探索解决。"

5. 爱迪生的加号

大发明家爱迪生在谈天才时用一个加号来描述，他说："天才=1％的灵感+99％的血汗。"

6. 季米特洛夫的正负号

著名的国际工人运动活动家季米特洛夫在评价一天的工作时说："要利用时间，思考一下一天之中做了些什么，是'正号'还是'负号'，倘若是'+'，则进步；倘若是'-'，就得吸取教训，采取措施。"

三、用"公式"写格言

7. 爱因斯坦的公式

近代最伟大的科学家爱因斯坦在谈成功的秘诀时，写下一个公式：$A=x+y+z$。并解释道："A 代表成功，x 代表艰苦的劳动，y 代表正确的方法，Z 代表少说空话。"

四、用"圆"写格言

8. 芝诺的圆

古希腊哲学家芝诺关于学习知识是这样说的："如果用小圆代表你们学到的知识，用大圆代表我学到的知识，那么大圆的面积是多一点，但两圆之外的空白都是我们的无知面。圆越大其圆周接触的无知面就越多。"

数学语言是世界的通用语言，它不仅能用来表达和研究科学，而且可以精妙地表达人的思想、性格及追求等，而且是那么言简意赅。如前所述的一些格言一方面折射出他们伟大的人生，一方面折射出数学之美。让我们喜欢数学，学好数学，用好数学；让我们也用那些数学写成的格言来描绘自己的人生轨迹，我们的人生价值和对人类的贡献将是无可限量的。

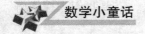
数学小童话

阿凡提的故事(一)

——借驴分驴

亲爱的小朋友们，欢迎你们走进数学王国，聆听数学童话故事。

阿凡提的邻居库尔班死了，给他的三个儿子留下了一笔不是很大的遗产——17头驴。安顿好父亲后，三个儿子为分这笔遗产发生了争执，闹得不可开交。

为了此事，库尔班的老伴只好去请阿凡提来帮忙解决这个问题。阿凡提向老库尔班的妻子问起原因，老库尔班的妻子泪流满面地哭诉道："我家老头子临终前曾对三个儿子留下话，我家共有17头驴分给他们，大儿子大了，只能分 $\frac{1}{9}$ ；二儿子分 $\frac{1}{3}$ ；三儿子年纪最小，要分 $\frac{1}{2}$ 。可按照老头子的话，他们三个没有办法均分这17头驴。于是，他们三兄弟为此闹了矛盾。"

阿凡提听后，安慰库尔班的妻子，说："放心，我一定会安排好这件事的。"

阿凡提骑着他的小毛驴来到库尔班的家里，看到他的三个儿子正在驴圈边为分驴吵得面红耳赤。阿凡提对库尔班的三个儿子说："年轻人，你们不要吵了，你们的母亲让我来帮忙，我一定帮你们处理好这件事。"三个儿子齐声说："大叔，你想吧，宰了驴就没有多大的用处，再说即使宰了驴也不能均分，我们都想要完整的驴，您能帮我们处理好这件事，我们三兄弟请你吃羊肉手抓饭！"

阿凡提说："好，羊肉手抓饭我是吃定了。现在，你们听我说，我是你们家的邻居，不能看着你们为这件事吵吵闹闹，因此我把我家的一头驴牵来送给你们，虽然不大，但也能算得上一头不错的驴。""那怎么行呢？"阿凡提笑着说："没关系的，到时候还给我就行了。"

阿凡提把自己的那头小毛驴牵入驴圈，问："现在驴是多少头？"

"18头！"三个儿子齐声回答。

阿凡提说："对！有18头驴了。现在，我按照你们父亲的遗嘱来给你们分驴。大儿子得 $\frac{1}{9}$ ，请你牵走2头；二儿子得 $\frac{1}{3}$ ，请你牵走6头；三儿子得 $\frac{1}{2}$ ，请你牵走9头。"三个儿子一看这情况，都没有说什么，牵着自己应得的驴走了。可他们三个都没有牵走阿凡提的那头小毛驴。

阿凡提笑笑说："我的小毛驴呦，还是我的小毛驴。"库尔班的妻子千谢万谢阿凡提为她解决了难题。

第二天，库尔班的三个儿子果真来请阿凡提吃羊肉手抓饭。

快乐猜猜看

数学工具谜

一、长着两只脚，走路闲只脚，
　　生来走弯路，从不走直道。

二、独木桥畔百万兵，分开上下两队行，
　　上边兵强一当五，下边兵多听号令。

三、这个脑袋真正灵，忽闪忽闪眨眼睛，
　　东西南北带着它，加减乘除不费劲。

数学名家谜

一、爷爷参加赛跑。
二、故国风光雨中新。

谜底： 一、圆规；二、算盘；三、计算器。
　　　一、祖冲之；二、陈景润

趣题大本营

解数学名题赏析(一)

解决数学问题时,除了要关注题目的细枝末节以外,更要学会从数学问题的整体结构和整体特征里挖掘出关系,使复杂问题简单化。

> 【例】1979年,诺贝尔奖获得者李政道博士访问中国科技大学少年班,提出了一道趣味数学问题。
>
> 海滩上有一堆桃子,这是5只猴子的共同财产,它们打算平均分配。第一只猴子先来了,把桃子平均分成5份后,还剩1个,它把这个桃子扔进了大海,自己拿走了一份。第二只猴子来了,它把剩下的桃子也平均分成了5份,又多了一个,它同样把这个桃子扔进了大海,自己拿走了一份。以后,每只猴子都这样做。问原来海滩上至少有多少个桃子?

【分析】解这道题不要拘泥于每只猴子分配桃子的行为,要看到它们在每一次平均分配桃子的时候,都会多出1个桃子。这样我们就会想到,如果一个超人先借给猴子们4个桃子,而且每一次分配后,保证借来的4个桃子要留在剩下的桃子里,这样的话,第一只猴子就可以直接将桃子平均分成5份了,它拿走自己的一份里,只是多拿了本来该扔进大海里的那一个,而借来的4个桃子仍然留在了剩下的桃子里，以保证后面的每只猴子都可以直接平均分配下去，直到最后。根据题意，平均分成5份后，它可以拿走一份，然后在剩下的4份里各拿出一个桃子还给那位超人就行了。

如此来说，多了这4个桃子，每次猴子都可以直接将桃子平均分成5份，可见，这时桃子的总数必须是一个可被5连续整除5次的最小自然数：5×5×5×5×5=3125（个）。

所以，原来海滩上有桃子3125-4=3121（个）。

小朋友试一试：

苏步青教授是我国著名的数学家，有一次他到德国去，和一位数学家朋友共同乘坐电车，这位数学家朋友给苏步青出了一道题：

甲、乙两人同时从两地出发，相向而行，距离100千米。甲每小时走6千米，乙每小时走4千米。甲带着一只狗同时出发，这只狗每小时走10千米，碰到乙它就掉头往甲这边走，碰到甲它又掉头往乙这边走，直到两人碰头，问这只狗一共走了多少千米？

小朋友们，让我们一起来试一试吧！

 竞赛加油站

五年级数学"解题智多星"竞赛试题

一、填空题

1. 找规律：2，6，3，9，4，12，（　　　　），15。

2. 五（1）班开学第一天每两位同学见面互相握手问候一次，第一小组7人共握（　　　　）次。

3. 同时被2、3、5整除的最小三位数是（　　　　）。

4. 连续5个奇数的和是95，其中最大的是（　　　　）。

5. 两个数的和是10，差是4，这两个数是（　　　　）、（　　　　）。

6. 甲、乙是两个不同的自然数，和是30，积最大是（　　　　）。

7. 在 $A=3.21×1.23$ 与 $B=3.22×1.22$ 中，较大的数是（　　　　）。（填"A"或"B"）

8. 分母是9的所有最简真分数的和是（　　　　）。

9. 一个三位小数四舍五入保留两位小数约是2.10，这个三位小数最小可能是（　　　　）。

10. 规定：符号"△"为选择两数中较大的数，"○"为选择两数中较小的数。例如：3△5=5，3○5=3。那么[(7○3)△5]×[5○(3△7)]=（　　　　）。

二、综合应用

1. 一块长方形木板，长72厘米，宽60厘米。请王师傅把它锯成同样大小的正方形木板，木板又不能剩余，算一算木板的边长最大是多少厘米？可以锯成多

少块？

2. 小刘、小张和小徐在一起，一位是工人，一位是农民，一位是战士。现在只知道：

（1）小徐比战士年龄大；（   ）是战士，

（2）小刘和农民不同岁；（   ）是工人，

（3）农民比小张年龄小；（   ）农民。

参考答案： 一、1.5； 2.21； 3.120； 4.23； 5.7和3； 6.224；

7. A； 8.3； 9.2.095；   10.25

二、1. 72−60=12（厘米）

72÷12×（60÷12）=30（块）

2. 小刘是战士，小张是工人，小徐是农民。

数学万花筒

中国古代数学家(三)

——刘徽

试问普天之下，谁是最可爱的人，难道仅指战士？不！还有这些可歌可泣的数学家们。

刘徽是魏晋时期山东人，出生在公元3世纪20年代后期。据《隋书·律历志》称："魏陈留王景元四年（263年）刘徽注《九章》"。他在长期精心研究《九章算术》的基础上，采用高理论，精计算，潜心为《九章》撰写注解文字。他的注解内容详细、丰富，并纠正了原书流传下来的一些错误，更有大量新颖见解，创造了许多数学原理并严加证明，然后应用于各种算法之中，成为中国传统数学理论体系的奠基者之一。

如他说："徽幼习《九章》，长再详览。观阴阳之割裂，总算术之根源，探赜之暇，遂悟其意。是以敢竭顽鲁，采其所见，为之作注。"又说："析理以辞，解体用图。庶亦约而能周，通而不黩，览之者思过半矣。"他除为《九章》作注外，还撰写过《重差》一卷，唐代改称为《海岛算经》。

他的主要贡献在于创造了割圆术，运用极限观念计算圆面积和圆周率；创造了十进分数、小单位数及求微数思想；定义了许多重要数学概念，强调"率"的作用；运用直角三角形性质建立并推广重差术，形成特有的准确测量方法；提出了"刘徽原理"，形成直线型立体体积算法的理论体系，在例证方面，他采用模型、图形、例题来论证或推广有关算法，加强说服力和应用性，形成中国传统数学风格；他采用严肃、认真、客观的精神，差别粗糙、错误的论述，创造精细、有逻辑的观点，以理服人，为后世学人树立良好的学风；在等差、等比级数方面也有一些涉及和创意。

经他注释的《九章算术》影响、支配中国古代数学的发展1000余年，是东方数学的典范之一，与希腊欧几里得（约公元前330—公元前275）的《原本》所代表的古代西方数学交相辉映。

刘徽从事数学研究时，中国创造的十进位记数法和计算工具"算筹"已经使用一千多年了。在世界各种各样的记数法中，十进位记数法是最先进、最方便的。中国古代数学知识的结晶《九章算术》也成书三百多年了。《九章算术》反映的是中国先民在生产劳动、丈量土地和测量容积等实践活动中所创造的数学知识，包括方田、粟米、衰分、少广、商功、均输、盈不足、方程、勾股九章，是中国古代算法的基础，它含有上百个计算公式和246个应用问题，有完整的分数四则运算法则，比例和比例分配算法，若干面积、体积公式，开平方、开立方程序，方程术——线性方程组解法，正负数加减法则，解勾股形公式和简单的测望问题算法。其中许多成就处于世界领先地位。

公元元年前后，盛极一时的古希腊数学走向衰微，《九章算术》的出现，标志着世界数学研究中心从地中海沿岸转到了中国，开创了东方以应用数学为中心占据世界数学舞台主导地位千余年的局面。在编排上，《九章算术》或者先提出术文（命题），后列出几个例题，或者先列出一个或几个例题，后提出术文。然而它对所用的概念没有定义，对所有的术文没做任何推导证明，个别的公式尚有不精确或失误之处。东汉以后的许多学者都研究过《九章算术》，但理论建树不大。刘徽著作的《九章算术注》，主要是给《九章算术》的术文做解释和逻辑证明，更正其中的个别错误公式，使后人在知其然的同时又知其所以然。有了刘徽的注释，《九章算术》才得以成为一部完美的古代数学教科书。

在"九章算术注"中，刘徽发展了中国古代"率"的思想和"出入相补"原理。用"率"统一证明《九章算术》的大部分算法和大多数题目，用"出入相补"原理证明了勾股定理以及一些求面积和求体积公式。为了证明圆面积公式和计算圆周率，刘徽创立了割圆术。在刘徽之前人们曾试图证明它，但是不严格。

刘徽提出了基于极限思想的割圆术,严谨地证明了圆面积公式。他还用无穷小分割的思想证明了一些锥体体积公式。在计算圆周率时,刘徽应用割圆术,从圆内接正六边形出发,依次计算出圆内接正12边形、正24边形、正48边形,直到圆内接正192边形的面积,然后使用现在所谓的"外推法",得到了圆周率的近似值3.14,纠正了前人"周三径一"的说法。"外推法"是现代近似计算技术的一个重要方法,刘徽遥遥领先于西方发现了"外推法"。刘徽的割圆术是求圆周率的正确方法,它奠定了中国圆周率计算长期在世界上领先的基础。

据说,祖冲之就是用刘徽的方法将圆周率的有效数字精确到7位。在割圆过程中,要反复用到勾股定理和开平方。为了开平方,刘徽提出了求"微数"的思想,这与现今无理根的十进小数近似值完全相同。求微数保证了计算圆周率的精确性。同时,刘徽的微数也开创了十进小数的先河。

刘徽治学态度严肃,为后世树立了楷模。在求圆面积公式时,在当时计算工具很简陋的情况下,他开方即达12位有效数字。他在注释"方程"章节18题时,共用1500余字,反复消元运算达124次,无一差错,答案正确无误,即使作为今天大学代数课答卷亦不逊色。刘徽注《九章算术》时年仅30岁左右。北宋大观三年(1109)刘徽被封为淄乡男。

中国古代数学家(四)

——李冶

李冶(1192—1279),原名李治,号敬斋,金代真定栾城人,曾任钧州(今河南禹县)知事,1232年钧州被蒙古军所破,遂隐居治学,被元世祖忽必烈聘为翰林学士,仅一年,便辞官回乡。

李冶1248年撰成《测圆海镜》,其主要目的是说明用天元术列方程的方法。"天元术"与现代代数中的列方程法相类似,"立天元一为某某",相当于"设 x 为某某",可以说是符号代数的尝试。李冶还有另一部数学著作《益古演段》

（1259），也是讲解天元术的。

中国古代数学家（五）

——朱世杰

朱世杰（1300前后），字汉卿，号松庭，寓居燕山（今北京附近），"以数学名家周游湖海二十余年"，"踵门而学者云集"（莫若，祖颐：《四元玉鉴》后序）。

朱世杰数学代表作有《算学启蒙》（1299）和《四元玉鉴》（1303）。《算术启蒙》是一部通俗数学名著，曾流传海外，影响了朝鲜、日本数学的发展。

《四元玉鉴》则是中国宋元数学高峰的又一个标志，其中最杰出的数学创造有"四元术"（多元高次方程列式与消元解法）、"垛积术"（高阶等差数列求和）与"招差术"（高次内插法）。

知道你在哪里吗？

现在，如果问大家自己的家在哪儿，相信每个人都会说在哪座城市哪条街道哪栋楼哪个房间。接下来，如果要求大家把自己所在的城市从地球仪上指出来，大家知道该如何表示以及要用到什么数学知识吗？

笛卡儿的坐标思想

其实，我们运用抽象思维思考一下，就可以得出：平面上某点 A 和一对数 $(x，y)$ 之间存在一一对应的关系。比如我们以某个邮局为参照物，那么其他位置就可以用这个邮局的位置来说明。如在邮局南多少米、东多少米等，这样不管哪个位置都可以通过与邮局的对比来得到。我们提出把一对数 $(x，y)$ 叫作平面上某点 A 的坐标。地球仪上的经度、纬度数值就是地球上某点的坐标。

最先创立这种思想的是法国哲学家、物理学家、数学家笛卡儿（1596—1650）。1637 年，他出版了《更好地指导推理和寻求科学真理的方法论》。这虽然是一本经典的哲学著作，但书后包括了三个著名的附录——《几何》《折光》和《陨星》。

《几何》是笛卡儿唯一的数学著作，书中他主张采用代数和几何中一切最好的东西，互相取长补短，而他所做的工作就是把代数运用到几何上。

笛卡儿是法国哲学家、物理学家、数学家和生理学家，早年毕业于普瓦捷大学法律系，后投笔从戎，1628 年移居荷兰，开始研究哲学。1650 年在瑞典讲学时去世。他试图建立无所不包的哲学体系——由形而上学、物理学和各门具体学科组成，并提出著名的"我思故我在"的思想，而他创立的解析几何在数学史上具有划时代的意义。

数学小知识

亲爱的同学们，今天让我们一起来分享"数学小知识"。

1. 石块、贝壳计数

原始社会，人类智力低下，当时把石块放进皮袋，或用贝壳串成串，用"一一对应"的方法，计算需要计数的物品。

2. 结绳计数

就是在长绳上打结记事或计数，这比用石块、贝壳方便了许多。

3. 手指计数

人类的十个手指是个天生的"计数器"。原始人不穿鞋袜，十个手指，再加上十个足趾，计数的范围就更大了。至今，有些民族还用"手"表示"五"，用"人"表示"二十"，据推测，"十进制"被广泛运用，很可能与手指计数有关。

4. 小棒计数

利用木、竹、骨制成小棒记数，在我国称为"算筹"。它可以随意移动、摆放，较之上述各种计算工具就更加优越了，因而，沿用的时间较长。刘徽用它把圆周率计算到3.14，祖冲之更计算到小数点后第七位。在欧洲，后来发展到在木片上刻上条纹，表示债务或税款。劈开后债务双方各存一半，结账时拼合验证无误，则被认可。

5. 珠算

珠算是以圆珠代替"算筹",并将其连成整体,简化了操作过程,运用时更加得心应手。它起源于中国,元代末年(1366年)陶宗仪著《南村辍耕录》中,最初提到"算盘"一词,并说"拨之则动"。15世纪《鲁班木经》中,详细记载了算盘的制作方法。

到了现代,一种新型的电子算盘已经问世,它把算盘与电子计算器的长处集为一体,是一种中外结合的新型计算工具。

6. 计算尺

公元1520年,英国人甘特发明了计算尺,运用到一些特殊的运算中,快速、省时。

7. 手摇计算机

最早的手摇计算机是法国数学家巴斯嘉在1642年制造的。它用一个个齿轮表示数字,以齿轮间的咬合装置实现进位,低位齿轮转十圈,高位齿轮转一圈。后来,经过逐步改进,使它既能做加、减法,又能做乘、除法了,运算的操作更加简捷、快速。

8. 电子计算机

随着近代高科技的发展,电子计算机在20世纪应运而生。它的出现是"人类文明最光辉的成就之一",标志着"第二次工业革命的开始"。其运算效率和精确度之高,是史无前例的。在此之前,英国数学家桑克斯用了22年的精力,把圆周率 π 算到小数点后707位,以至在他死后,人们在其墓碑上刻着 π 的707位数值,表达了对他的毅力和精神的钦佩。

9. 自然数

自然数是从表示"有"多少的需要中产生的。在实践中还常常遇到没有物体的情况。例如:盘子里一个苹果也没有。为了表示"没有",就产生了一个新的数

"零"。

"零"是一个数，记作"0"，"0"是整数，但不是自然数，它比所有的自然数都小。"0"作为一个单独的数，不仅可以表示"没有"，而且是一个有完全确定意义的数，是一个起着很多重要作用的数。具体作用有：

（1）表示数的某位上没有单位，起到占位的作用。例如：103.04，表示十位和十分位上一个单位也没有。0.10为近似数时，表示精确到百分位。5.00元表示特别的单价是5元整。

（2）表示某些数量的界限。例如：在数轴上0是正数与负数的界限。"0"既不是正数，也不是负数。在摄氏温度计上"0"是零上温度与零下温度的分界。

（3）表示温度。在通常情况下水结冰的温度为摄氏"0"度。说今天的气温为零度，并不是指今天没有温度。

（4）表示起点。如在刻度尺上，刻度的起点为"0"。从甲城到乙城的公路上，靠近路边竖有里程碑，每隔1千米竖一个，开始第一个桩子上刻的是"0"，表明这是这段公路的起点。

在四则运算中，零有着特殊的性质。

（1）任何数与0相加都得原来的数。例如：5+0=5，0+32=32。

（2）任何数减去0都得原来的数。例如：5-0=5，42-0=42。

（3）相同的两个数相减，差等于0。例如：5-5=0，428-428=0。

（4）任何数与0相乘，积等于0。例如：5×0=0，0×78=0。

（5）0除以任何自然数，商都等于0。例如：0÷5=0，0÷345=0。因此0是任意自然数的倍数。

（6）0不能做除数。因为任何自然数除以零，都得不到准确的商。例如：5÷0，找不到一个数与0相乘可以得5。零除以零时有无数个商，因为任何数与0相乘都能得到0，所以像5÷0、0÷0都无意义。

自然数是在人类的生产和生活实践中逐渐产生的。

人类认识自然数的过程是相当长的。

在远古时代，人类在捕鱼、狩猎和采集果实的劳动中产生了计数的需要。起初人们用手指、绳结、刻痕、石子或木棒等实物来计数。例如：表示捕获了3只羊，就伸出3个手指；用5个小石子表示捕捞了5条鱼；一些人外出捕猎，出去1

天，家里的人就在绳子上打1个结，用绳结的个数来表示外出的天数。

这样经过较长时间，随着生产和交换的不断增多以及语言的发展，渐渐地把数从具体事物中抽象出来，先有数目1，以后逐次加1，得到2、3、4……这样逐渐产生和形成了自然数。因此，可以把自然数定义为，在数物体的时候，用来表示物体个数的1、2、3、4、5、6……叫作自然数。自然数的单位是"1"，任何自然数都是由若干个"1"组成的。自然数有无限多个，1是最小的自然数，没有最大的自然数。

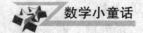 数学小童话

阿凡提故事(二)

——智斗巴依

亲爱的小朋友们，让我们继续聆听阿凡提的故事吧！

阿凡提和巴依（维吾尔语：财主）是邻居。阿凡提家有6只羊，巴依家有12只羊。巴依是个贪心的家伙，总想把阿凡提的6只羊占为己有。

一天，巴依把自己家的羊卖出去6只，又偷来阿凡提家的6只羊，和剩下的6只羊混在一起，关在自家羊圈里，每边关3只（如图1）。

	羊羊羊	
羊羊羊	巴依的住处	羊羊羊
	羊羊羊	

图1

后来阿凡提发现自己的羊被关在巴依家圈里，他温和地对巴依说："巴依老爷！我家的羊不见了，请你看看是不是跑到你家圈里去了？"狡猾的巴依回答说："阿凡提，别人都说你聪明，我看你蠢透了。你看，我家的羊，一只也不多，一只也不少，不是前后左右每边3只吗？"聪明的阿凡提笑了一笑，把羊重新排了一下，每边还是3只（如图2）。

羊	羊羊	
羊羊	巴依的住处	羊羊
	羊羊	羊

图2

巴依前后左右数了一遍，确实每边是3只羊，无话可说，只好眼看着阿凡提从自家圈里牵出2只羊。接着，阿凡提又把羊重新排了一下，每边还是3只羊（如图3），于是阿凡提又牵出了2只羊。

羊	羊	羊
羊	巴依的住处	羊
羊	羊	羊

图3

巴依气急败坏地说，"行了，阿凡提，我这里再没有你的羊了。"阿凡提笑着说："别急，巴依老爷，你这里还有我的2只羊呢。"阿凡提又把圈里的羊重新排了一下，每边还是3只羊。于是阿凡提又牵出了自己的2只羊。

（同学们，你们知道阿凡提最后一次是怎样把羊重新排的吗？）

阿凡提智斗巴依，终于牵回了被巴依偷的6只羊。

阿凡提故事(三)

——栽玫瑰花

巴依老爷为了把自己的院子装扮得更美丽，就买回20株玫瑰，打算种在自己的花园内。植树种花，巴依老爷可是个外行，只好请人栽了。

阿凡提得知这个消息，就找到巴依老爷把这活揽下来了。

阿凡提："巴依老爷，这玫瑰花怎么个栽法？"

巴依老爷答道："不要什么花样，我家门前有一块地，你就栽那儿吧，栽5行，每行4株。"

阿凡提又问："给多少工钱呢？"

巴依老爷说："20个铜板。"

阿凡提也没有再问什么，答应道："好吧！"拿着玫瑰，扛着锄头，提着水桶就开始栽花了。

过了约一个小时，阿凡提喊道："巴依老爷，我给你把玫瑰花栽好了，出来看看吧。"

巴依老爷正在喝着小酒，答道："算了吧，不看了。"

阿凡提来到巴依老爷旁，领了20个铜板的工钱就回家了。

吃过晚饭，巴依老爷想起自己的玫瑰，就来到栽玫瑰的地方。一瞧，栽的玫瑰还不错，是五角星造型。再一瞧，不大对劲，好像没有20株；一数，果然没有20株，而只有10株。还有10株栽在哪儿了呢？巴依老爷左看右瞧，没有看到另外的10株。心想：肯定是阿凡提动了手脚。巴依老爷急忙去找阿凡提。

巴依老爷见到阿凡提气不打一处来，问道："你这个穷光蛋，我叫你栽的玫瑰怎么没有那么多啊？还有10株是不是你拿走了？"

"巴依老爷，你说栽5行，我就栽5好；你说每行栽4株，我也是每行栽4株。

怎么说我拿了你的玫瑰呢？再说，我给你栽成了一个五角星，造型也不错吧。"

"谁叫你栽成五角星，正因为这个五角星，你骗了我10株玫瑰，值20个银元呢。"

"巴依老爷，你当时也没说有20株玫瑰，我怎么知道是20株。我只是按你的吩咐栽的，栽5行，每行4株。"

眼看说不过阿凡提。巴依老爷说："你这个家伙，算我当时少了心眼，让你占了便宜。"然后，只好摇摇头回家了。

快乐猜猜看

我来猜猜看

1. 考试不作弊（打一数学名词）

2. 联合国宪章（打一数学名词）

3. 从后面算起（打一数学名词）

4. 1003≈1000　10002≈10000（打一成语）

5. 30日÷2（打一汉字）

温馨提示：1.真分数；2.最大公约数（最大公因数）；3.倒数；4.千变万化；5.胖。

解数学名题赏析（二）

【例2】古希腊数学家丢番图的墓志铭是一个有趣的数学问题：

过路人！这儿掩埋着丢番图，他生命的六分之一是童年；再过了一生的十二分之一后，他开始长胡须；又过了一生的七分之一后他结了婚；婚后五年他有了儿子，但可惜儿子的寿命只有父亲的一半；儿子死后，老人再活了四年就结束了余生。

根据这个墓志铭，请计算出丢番图的寿命。

【宏观分析】这个题目的传统解法大家都是非常熟悉的，和我们下面的解法相比，那真是画蛇添足，拖泥带水。我们只需宏观地考虑题目的条件，就能得到一个简洁无比的解法。由题意知道，丢番图的年龄显然应该是6、12和7的公倍数，容易求得，它们的最小公倍数就是84，考虑到古代一个人的寿命如果是84岁，就已经是高寿了。所以，丢番图的寿命就应该是84岁，不能再活到168岁或以上了。

亲爱的小朋友们，你们会算了吗？让我们开动我们的大脑接着往下看。

【例3】爱因斯坦曾经提出过这样一道有趣的数学题：有一个长长的阶梯，若每步上2阶，最后剩下1阶；若每步上3阶，最后剩2阶；若每步上5阶，最后剩4阶；若每步上6阶，最后剩5阶；只有每步上7阶，最后刚好一阶也不剩。请问该阶梯至少有多少阶？

【宏观分析】整体考虑题目的条件，这个长长的阶梯如果再增加一阶，其阶数就应该是2、3、5、6的公倍数，并且被7除余1。这样，就能轻易算得是120。所以这个长长的阶梯应该有120-1=119（阶）。

小朋友们，你们想出来了吗？让我们一起加油吧！

巧编质数儿歌

质数、合数易混、易错，我们编成了一首100以内质数儿歌，收到了较好的效果，100以内质数儿歌：

二、三、五、七、一十一；十三、十九和十七；

二三、二九、三十一；三十七、四十一；

六十七、七十一；七三、七九、八十三；

八九后面是九七。

这样编成质数儿歌，不但好记，而且还好用呢。

例如：小林参加了一次数学趣味竞赛活动，赛后遇到数学老师，他很想知道自己的成绩，数学老师却说："你的名次乘你的年龄，再乘分数的积是2910，且名次、年龄、分数都是质数，你猜一猜吧？"

由于小林熟记质数儿歌，很快地算出 2910=3×10×97，然后通过分析，知道了自己的成绩是97分，排名第3。

小朋友，请你试一试：

1.一个长方体的前面与上面的面积和为209平方厘米，它的长、宽、高都是质数，这个长方体的体积是多少立方厘米？

2.自然数中连续5个都是合数的有很多，你知道它们和的最小值是多少吗？

参考答案： 1. 374立方厘米　2. 130

五年级趣味数学竞赛试题

一、火眼金睛，数学高速路。把正确答案的序号填在括号里。

1.有一些乒乓球，如果每10个装一盒，能正好装完；如果每12个装一盒，也能正好装完，这些乒乓球至少有（　　）个。

A. 60　　　　　　　　B. 90　　　　　　　　C. 120

2.在一个位置观察一个长方体，一次最多能看到它的（　　）。

A. 一个面　　　　　　B. 两个面　　　　　　C. 三个面

3.一张三角形纸与一张平行四边形纸的面积相等，底也相等。三角形的高是4分米，平行四边形的高是（　　）分米。

A. 1　　　　　　　　B. 2　　　　　　　　C. 4

4.一个正方体的棱长扩大3倍，它的表面积扩大（　　）倍，体积扩大（　　）倍。

A. 3　　　　　　　　B. 9　　　　　　　　C. 27

5.甲、乙两个人合打一份10000字的文件，甲每分打115个字，乙每分钟打135个字，（　　）分钟可以打完。

A. 50　　　　　　　　B. 45　　　　　　　　C. 40

6.两辆汽车从一个地方相背而行。一车每小时行40千米，一车每小时行60千米。经过（　　）小时后两车相距300千米。

A. 2　　　　　　　　B. 3　　　　　　　　C. 4

7. 两个工程队要共同挖通一条长 119 米的隧道，两队从两头分别施工。甲队每天挖 4 米，乙队每天挖 3 米，经过（　　）天能把隧道挖通。

A. 17　　　　　　　　B. 18　　　　　　　　C. 19

8. 学校合唱队和舞蹈队共有 140 人，合唱队的人数是舞蹈队的 6 倍，舞蹈队有（　　）人。

A. 10　　　　　　　　B. 20　　　　　　　　C. 30

二、奇思妙想，相信你最棒。

1. 数一数，右图中共有（　　）个平行四边形。

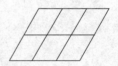

2. 如右图所示，一个大长方体的表面上都涂上红色，然后切成 18 个小立方体（切线如图中虚线所示），在这些切成的小立方体中，问：

（1）1 面涂成红色的有（　　）个；

（2）2 面涂成红色的有（　　）个；

（3）3 面涂成红色的有（　　）个。

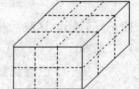

3. 打算把一个长方体切成两个小长方体。如果切面与前、后面平行，则切成两个长方体后表面积增加 340 平方厘米；如果切面与左、右面平行，则切成两个长方体后表面积增加 160 平方厘米；如果切面与上、下面平行，则切成两个长方体后表面积增加 1000 平方厘米，那么原来长方体的表面积是多少平方厘米？

参考答案：

一、1. A　2. C　3. B　4. B C　5. C　6. B　7. A
8. B

二、1. 18 个　2.（1）2；（2）8；（3）8
　　3. 340+160+1000=1500（平方厘米）

数学万花筒

世界著名数学家的故事（一）

　　小朋友们，我们已经认识了我国古代的伟大数学家们，今天，让我们走近世界著名数学家，看看他们身上又发生了哪些令我们惊叹的故事。跟随我，一起开始阅读吧！

牛顿（1642—1727）
——英国物理学家、数学家

　　牛顿23岁毕业于著名的剑桥大学后留校工作。后因逃避伦敦流行的鼠疫来到母亲的农场里。在这里，他被一个常人熟视无睹的现象吸引住了。有一次，他看到一个熟透了的苹果落在地上，便开始思索为什么苹果会垂直落在地上，而不是飞到天上去呢？一定是有一种力在拉它，那么这种将苹果往下拉的力会不会控制月球？他就是通过这个看起来十分简单的现象，发现了著名的万有引力定律。这个定律的巨大作用，很快就显示了出来。它解释了当时所知道的天体的一切运动。同时，牛顿又完成了一项重要的光学实验，从而证明了白光是以赤、橙、黄、绿、青、蓝、紫的顺序排列的合成光。

　　1687年，牛顿出版了有史以来最伟大的科学著作《自然哲学的数学原理》。在这里，他钻研了伽利略的理论，并归纳出著名的运动三大定律。除此之外，他发现的二项式定理，在数学界也有一席之地。1704年，他出版了《光学》一书，总结了他对光学研究的成果。牛顿61岁那年被选为英国皇家学会会长，此后年年连任直至逝世。作为举世公认的、最卓越的科学巨匠，他仍谦逊地说："如果说我比别人看得远些，那是因为我站在了巨人的肩上。"1727年3月20日，84岁的牛顿逝世了。作为有功于国家的伟人，他被葬在了英国国家公墓，受到世人的瞻仰。

数学小知识

follow me!

数学在我们的身边无处不在，今天让我们分享下列数学小知识，一起来感受数学的乐趣和它的五彩缤纷。

音乐与数学

动人的音乐常给人以美妙的感受。古人云："余音绕梁，三日不绝"，这说的是唱得好，也有的人五音不全，唱不成调，这就是唱得不好了。同样是唱歌，甚至是唱同样的歌，给人的感觉却是迥然不同。其重要原因在于歌唱者发声振动频率不同。

人类很早就在实践中对声音是否和谐有了感受，但对谐和音的比较深入的了解则是在弦乐器出现以后，这是因为弦振动频率和弦的长度存在着简单的比例关系，近代数学已经得出弦振动的频率公式。

那么，决定音乐和谐的因素又是什么呢？人类经过长期的研究，发现它决定于两音的频率之比。两音频率之比越简单，两音的感觉效果越纯净、愉快与和谐。

首先，最简单之比是 2：1。例如，一个音的频率是160.7赫兹，那么，与它相邻的谐和音的频率应该是2×260.7赫兹，这就是高八度音。而与频率为2×260.7

赫兹的音和谐的次一个音是4×260.7赫兹。这样推导下去，我们可以得到下面一列和谐的音乐：

260.7，2×260.7，22×260.7……

我们把它简记为C0，C1，C2……称为音名。

由于我们讨论的是音的比较，可暂时不管音的绝对高度（频率），因此又可将音乐简写为：

C0C1C2C3……

20212223……

需要说明的是，在上面的音列中，不仅相邻的音是和谐的，而且C与C2、C与C3等等也都是和谐的。一般说来这些谐和音频率之比是$2M$（其中M是自然数）。

有趣的美国分数填空题

下面是由美国皮尔逊教育有限公司设计的分数填空题，更多要求的是思维的灵活性和多向性，培养同学们合情推理和发散思维的能力，给人以耳目一新之感，下面就让我们一起欣赏别具特色的美国填空题吧！

【例】用0—9中的数字填入下面的算式空格中，使之成立。注意：每个数字的使用不超过两次。

$$\frac{6}{9} - \frac{2}{3} = (\quad)$$

$$\frac{(\quad)}{(\quad)} + \frac{6}{5} = 2$$

$$\frac{8}{9} + \frac{(\quad)}{3} = 1\frac{5}{(\quad)}$$

$$\frac{9}{(\quad)} - \frac{(\quad)}{4} = 1\frac{1}{28}$$

$$\frac{(\quad)}{2} + \frac{(\quad)}{(\quad)} = \frac{7}{8}$$

$$\frac{(\quad)}{6} - \frac{(\quad)}{(\quad)} = \frac{1}{30}$$

$$\frac{(\quad)}{9} + \frac{6}{(\quad)} = 3$$

【分析】第一、二道填空题，比较简单，不再赘述。

第三题：$\frac{8}{9}+\frac{(\ )}{3}=1\frac{5}{(\ )}$，其中的两个（ ）在等式两边分别出现，这就需要我们首先确定解答方向：若先求左边分母为 3 的分数的待定分子数值，则会因条件不够充分需多次尝试。而先填写等号右边的（ ）就相对容易些。因为左边两个分数的分母分别是 9 和 3，具有倍数关系，所以可以推断右边分数的分母填"9"，经验证可求出答案，$\frac{8}{9}+\frac{2}{3}=1\frac{5}{9}$。

第四题：$\frac{9}{(\ )}-\frac{(\ )}{4}=1\frac{1}{28}$，由于（ ）都出现在减法算式的左边，显然一边进行两个未知数的尝试是不明智的，所以首先可以变形成加法算式 $\frac{9}{(\ )}=\frac{29}{28}+\frac{(\ )}{4}=\frac{29+7\times(\ )}{28}$；观察变形后的等式两边的分子和分母，$29+7\times$（ ）一定是 9 的倍数，那么可能是 36、45、54……经验证括号数为 1，即可推断出并由此推出另一个括号数为 7，结果为 $\frac{9}{7}-\frac{1}{4}=1\frac{1}{28}$。

第五题：$\frac{(\ )}{2}+\frac{(\ )}{(\ )}=\frac{7}{8}$，由于左边出现了三个括号数，所以从表面看来，条件似乎更不充分，更难以下手。而事实上并非如此，如果我们不是盲目试验，而是先来比较等式左边两个待定分数与右边已知分数的大小，这就大大降低了解答的难度。因为 $\frac{(\ )}{2}<\frac{7}{8}$ 是真分数，所以可以断定 $\frac{(\ )}{2}$ 上的分子只能填 1。接下来的问题只不过是已知两数之和与其中一个加数，求另一个加数，容易得出 $\frac{1}{2}+\frac{3}{8}=\frac{7}{8}$。

还有两道题没有分析，相信同学们看了前面的分析后，会通过自己的努力解决问题，请你们试一试吧！

答案：$\frac{5}{6}-\frac{4}{5}=\frac{1}{30}$，$\frac{9}{9}+\frac{6}{3}=3$。

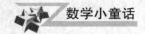
数学小童话

聪明的麦斯

一天，麦斯走到一个卖煎蛋的小店去买煎蛋。

来到小店，麦斯把事情告诉了老板，老板想刁难一下麦斯，他说："如果你能回答我一个问题，我就可以送你所有的煎蛋。"麦斯同意了。老板接着说："今天，老牛来我这儿买了一半加半个煎蛋，小猪来我这儿买了一半加半个煎蛋，现在我有3个煎蛋。问，我原有多少个煎蛋？"说完，老板得意地笑了。

麦斯挠了挠头，想：只能买一个，哪儿来的半个呢？但他后来才知道，原来只要按普通的算法来就行了。

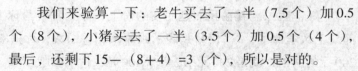

$$[（3+0.5）×2+0.5]×2=15（个）。$$

我们来验算一下：老牛买去了一半（7.5个）加0.5个（8个），小猪买去了一半（3.5个）加0.5个（4个），最后，还剩下15—（8+4）=3（个），所以是对的。

麦斯报出了答案，店主连忙给了他煎蛋，从此再也不敢刁难麦斯了。

熊二的"削价牌"

森林被毁后，熊二在小镇上开了一家皮鞋店。冬天快到了，店里的一些皮凉鞋还没有卖完，积压了不少资金。熊二决定降价销售。于是，他在鞋柜旁边挂出一块牌子，上写：处理皮凉鞋，削价一倍。

爱开玩笑的吉吉国王走到鞋柜旁边，挑了一双皮凉鞋，试穿合脚后就走。熊二看见了大叫："吉吉国王，你太不够朋友了，怎么能不给钱呢？"

吉吉国王指着牌子，笑嘻嘻地说："熊二，你自己说这是'处理皮凉鞋'，白送的。"

"我只说'削价一倍'，哪里是白送呢！"熊二分辨着。

"'削价一倍'就是白送，你难倒不明白？"吉吉国王故意逗熊二。

"哪有这种道理？你不能不讲理呀！"熊二还以为自己在理呢！

"好，熊二，看在我们是朋友的份上，今天我就给你上一课。"吉吉国王要给熊二上数学课了，"'倍'是表示跟原来相等的数，你这双鞋标价200元，如果说200元的两倍，就是200元乘2等于400元，这不错吧？"

"不错。"熊二回答着。

"200元的一倍呢，200元乘1还是200元，这也不错吧？"

"这个……"熊二感到迷茫。

"我拿的这双鞋子标价200元，削价一倍，就是削价200元，200元减200元等于0，岂不是可以不付钱白拿吗？"

"噢，是这样！"熊二恍然大悟，"我原来的意思是200元减价100元，只卖100元。"

吉吉国王哈哈大笑："那就应该写'削价一半''削价五成''削价二分之

一’，而不是‘削价一倍’。这在表示数量增加时才能用‘倍’，如‘增加一倍’，减少是不能用‘倍’的呀。”

熊二点点头说：“是，是，承蒙指教，我以后一定要学好数学。还好，我的牌子挂出后还没有顾客来，要不是你及时发现，还不知道发生什么情况呢！这双鞋就白送你，算我的学费！”

“不要，不要，我只是开个玩笑而已。希望你以后学好数学，并祝你生意兴隆。”说完，吉吉国王走了！

趣题大本营

"借来还去"解题例谈（一）

我们在解决问题时，为了更好地理解题意，有时可以虚拟一个情景，其中"借来还去"就是一种很好的方法。

【例1】一位农民卖鸡蛋，第一次卖去篮中的一半又半个，第二次卖去剩下的一半又半个，还剩下一个。篮中原有多少个鸡蛋？

这道题的解法有好几种，但是只有一种是最简单的。我们想想看，一篮子鸡蛋分了一半又出现半个，说明鸡蛋个数是奇数。为了避免出现半个鸡蛋，这位农民应当事先向别人借1个鸡蛋放在篮子里，这样每一次都不会出现半个鸡蛋了。也就是说，第一次卖去篮中的一半，第二次卖去剩下的一半，剩下2个了。于是，这时篮中的鸡蛋个数为：2×2×2=8（个）。刚才借了一个鸡蛋再还给人家，这样可以求出这位农民篮子中原有鸡蛋的个数为：8-1=7（个）鸡蛋。

当然，农民卖鸡蛋不会只卖7个。但是，从上面的巧算中，我们能找出一个规律，比如说每次卖一半又半个，共卖了五次后剩一个，那么可以求出农民篮子里原有的鸡蛋个数为：$2^6-1=63$（个）。

骡子和驴驮谷物

历史上记载着伟大的数学家欧几里得曾经编写过这样一个广为流传的问题。

骡子和驴驮着谷物并排走在路上，骡子在途中对驴说："如果你把驮的谷物给我一包，那么我驮的包数就是你的2倍；如果我把驮的谷物给你一包，那么咱俩驮的包数就相等。"

这个问题像许多数学名题一样．它的广为流传或由于偶然，或由于需要，或由于稀奇，或由于探索的需求，而游刃于较多的资料中，虽然我们对它并不陌生，但它的解决方法你理解了吗？掌握了吗？这里我们给出一种分析和解法，正好满足你的愿望。

从题中骡子对驴说："……如果我把驮的谷物给你一包，那么咱俩驮的包数相等"，可以看出，骡子比驴多了两包；又由骡子说的"如果你把驮的谷物给我一包，那么我驮的包数就是你的2倍"，可以看出，骡子在比驴多驮2包的情况下，驴又给骡子一包，这时骡子比驴多驮了3包，而驴又少驮了一包，实际上是驴比骡子少驮4包了。这4包对应的倍数是（2−1）倍。

这一倍是

1+1+1+1=4（包）

驴驮的谷物是

4+1=5（包）

骡子驮的谷物是

5+1+1=7（包）

毕达哥拉斯的学生

古希腊的数学家、天文学家、哲学家毕达哥拉斯对数学的发展做出了卓越的贡献。最著名的是他与他的学生发现并证明了在我国称为"勾股定理"的几何定理，国外称"毕达哥拉斯"定理。

一次，有人问毕达哥拉斯有多少学生，他的回答是一道有趣的数学题：

我的学生一半在学数学，四分之一在学音乐，七分之一沉默无言，此外，还有三名学生是女生。

请你算一算，毕达哥拉斯究竟有多少学生？

本题用算术和列方程极易获解。但我们可知"学生数为正整数"这一信息，便想利用整数的有关知识来解。易知毕达哥拉斯的学生数是2、4、7的公倍数，它们的最小公倍数是28，易知其他大于28的公倍数是不符合题意的（如：56），只有28符合题意，故知毕达哥拉斯的学生是28人。

百马百瓦

有这样一个中国古代问题：百马百瓦，儿马驮三，骡马驮俩，小马俩驮一块。问儿马、骡马及小马各有几匹？

意思是：有一百匹马，一百块瓦，每匹公马驮三块瓦，每匹母马驮两块瓦，而小马崽是两匹驮一块。问：公马、母马、小马崽各有多少匹？

要解决这个问题，首先要考虑小马崽的数量，它的数量比较多，且必须是偶数。经过验算可知，它的最小可能值是68，最大可能值是78。这是因为，如果小马崽为66匹，则可驮33块瓦，而公马和母马此时共有34匹，全部按母马计算也要驮68块瓦，瓦的数量超过了100块，所以小马崽的最小可能值为68。

小马崽的数量确定以后，公马、母马的数量是多少，可以利用假设法来解。

这里我们考虑马崽是70时，共驮瓦为70÷2=35（块），则公马和母马应为100-70=30（匹），驮瓦100-35=65〔块）。

如果假设都是母马，则瓦数还剩65-2×30=5（块），而应有公马（65-2×30）÷（3-2）=5（匹），则母马数为100-70-5=25（匹）。

于是就得到问题的一个解：公马5匹，母马25匹，小马崽70匹。

用类似的方法还可以得本题的五种答案：

2，30，68；8，20，72；11，15，74；

14，10，78；17，5，78

亲爱的小朋友们，你也不妨来试试吧！

数学万花筒

世界著名数学家的故事(二)

小欧拉智改羊圈

　　欧拉，瑞士人，是世界数学史上与高斯、阿基米德、牛顿齐名的四大著名数学家，被誉为"数学界的莎士比亚"，在数论、几何学、天文数学、微积分等好几个数学的分支领域中都取得了出色的成就。

　　不过，这个大数学家在孩提时代却一点也不讨老师的喜欢，他是一个被学校除了名的小学生。事情是因为星星而引起的。

　　当时，小欧拉在一个教会学校里读书。有一次，他向老师提问，天上有多少颗星星。老师是个神学的信徒，他不知道天上究竟有多少颗星星，《圣经》上也没有回答过。其实，天上的星星数不清，是无限的。我们的肉眼可见的星星也有几千颗。这个老师不懂装懂，回答欧拉说："天上有多少颗星星，这无关紧要，只要知道天上的星星是上帝镶嵌上去的就够了。"欧拉感到很奇怪："天那么大，那么高，地上没有扶梯，上帝是怎么把星星一颗一颗镶嵌到天幕上的呢？上帝亲自把它们一颗一颗地放在天幕，他为什么忘记了星星的数目呢？上帝会不会太粗心了呢？"他向老师提出了心中的疑问，老师又一次被问住了。老师的心中顿时升起一股怒气，这不仅是因为一个才上学的孩子向老师问出了这样的问题，使老师下不了台，更主要的是，老师把上帝看得高于一切。

　　小欧拉居然责怪上帝为什么没有记住星星的数目，言外之意是对万能的上帝提出了怀疑。在老师的心目中，这可是个严重的问题。

　　在欧拉的年代，对上帝是绝对不能怀疑的，人们只能做思想的奴隶，绝对不允许自由思考。小欧拉没有与教会、与上帝"保持一致"，老师就让他离开学校回家。

但是，在小欧拉心中，上帝神圣的光环消失了。他想，上帝是个窝囊废，他怎么连天上的星星也记不住？他又想，上帝是个独裁者，连提出问题都成了罪。他又想，上帝也许是个别人编造出来的家伙，根本就不存在。

回家后无事，他就帮助爸爸放羊，成了一个牧童。他一面放羊，一面读书。他读的书中，有不少数学书。爸爸的羊群渐渐增多了，达到了100只。原来的羊圈有点小了，爸爸决定建造一个新的羊圈。他用尺量出了一块长方形的土地，长40米，宽15米，他一算，面积正好是600平方米，平均每一头羊占地6平方米。正打算动工的时候，他发现他的材料只够围100米的篱笆，不够用。若要围成长40米，宽15米的羊圈，其周长将是110米（15+15+40+40=110）。父亲感到很为难，若要按原计划建造，就要再添10米长的材料；要是缩小面积，每头羊的面积就会小于6平方米。小欧拉却向父亲说，不用缩小羊圈，也不用担心每头羊的占地会小于原来的计划，他有办法。父亲不相信小欧拉会有办法，听了没有理他。小欧拉急了，大声说："只要稍稍移动一下羊圈的桩子就行了。"父亲听了直摇头，心想："世界上哪有这样便宜的事情？"但是，小欧拉却坚持说，他一定能两全其美。父亲终于同意让儿子试试看。

小欧拉见父亲同意了，站起身来，跑到准备动工的羊圈旁。他以一个木桩为中心，将原来的40米边长截短，缩短到25米。父亲着急了，说："那怎么成呢？这个羊圈太小了，太小了。"小欧拉也不回答，跑到另一条边上，将原来15米的边长延长，又增加了10米，变成了25米。经这样一改，原来计划中的羊圈变成了一个25米边长的正方形。然后，小欧拉很自信地对爸爸说："现在，篱笆也够了，面积也够了。"

父亲照着小欧拉设计的羊圈扎上了篱笆，100米长的篱笆真的够了，不多不少，全部用光。面积也足够了，而且还稍稍大了一些。父亲心里感到非常高兴。孩子比自己聪明，真会动脑筋，将来一定大有出息。父亲感到，让这么聪明的孩子放羊实在是太可惜了。

后来，他想办法让小欧拉认识了大数学家伯努利。通过这位数学家的推荐，1720年，小欧拉成了巴塞尔大学的大学生。这一年，小欧拉13岁，是这所大学最年轻的大学生。

阿基米德（约公元前287—公元前212年）
——古希腊物理学家、数学家

阿基米德的父亲是一位天文学家和数学家，他从小受到良好的教育，特别喜爱数学。

有一次，国王请他去测定金匠刚刚为其做好的王冠是纯金的还是掺有银子的混合物，并且告诫他不得毁坏王冠。

起初，阿基米德茫然不知所措。

直到有一天，当他泡在一满盆洗澡水里时，溢出水量的体积等于他身体浸入水中的那部分体积。他想，如果把王冠浸入水中，根据水面上升的情况算出王冠的体积与等重量金子的体积相等，就说明王冠是纯金的；假如掺有银子的话，王冠的体积就会大一些。

他兴奋地从浴盆中跃出，全身赤条条地奔向皇宫，大喊着："我找到了！找到了！"他为此而发明了浮力原理。

除此之外，他还发现了著名的杠杆原理。

伴随着这一发明，还产生了一句众所周知的名言："只要给我一个支点，我就能撬动地球。"

在阿基米德的老年岁月里，他的祖国与罗马发生了战争，当他住的城市遭劫掠时，阿基米德还专心地研究他在沙地上画的几何图形，凶残的罗马士兵刺倒了这位75岁的老人，伟大的科学家扑倒在鲜血染红了的几何图形上……

阿基米德死后，人们整理出版了《阿基米德遗著全集》，以缅怀这位科学巨匠的伟大业绩。

算式中的对称美

同学们经常能够从对称图形中感受到对称美。其实，在我们接触的算式中，只要你稍加留心，就会发现许多有趣的对称现象。下面介绍几例：

1.两数相加与两数相乘的对称

例：2+2=2×2

2.几个数相加与几个数相乘中的对称

例：1+2+3=3×2×1

1+1+2+4=4×2×1×1

3.分数减法与分数乘法中的对称

例：$\frac{1}{2} - \frac{1}{3} = \frac{1}{3} \times \frac{1}{2}$

$\frac{1}{99} - \frac{1}{100} = \frac{1}{100} \times \frac{1}{99}$

$\frac{1}{4} - \frac{1}{5} - \frac{1}{21} = \frac{1}{21} \times \frac{1}{5} \times \frac{1}{4}$

4.平方数中的对称

例：$12^2 = 144$ $411 = 21^2$

5.加数与和中的对称

例：523+325=848

1271+1721=2992

6.加法算式中的对称

例：91+86+19+68=89+61+98+16

7.乘法算式中的对称

例：13×62=26×31

15×561=165×51

8.乘法算式和积中的对称

例：12×231=2772=132×21

9.混合运算式题中的对称

例：3×4+5=5×4−3

10.数学趣味题及其答案中的对称

例：$\dfrac{88888888 \times 88888888}{1+2+2+4+5+6+7+8+7+6+5+4+3+2+1}$

=123456787654321

同学们，你们觉得有趣吗？在今后的学习中不妨多留心一点，这样你就能领略到更多、更奇妙的对称美！

动物中的"数学天才"

鼹鼠地下打洞，在转弯时都成90°；各种鸟类下蛋都近似于一个椭圆球体，而且是薄壳结构，很坚固；雄鸡鸣叫的时间计算也很精确；猫的胡子不会长得太长也不会长得太短，正好用于测量洞口的宽度便于穿过……你看，动物们都遵循着数学规律，适应生存、发展。

在长方形的地里有一条狗，当你站在一角呼唤它时，它会沿着对角线穿过四野，向你奔来！你看，它也知道"三角形一边小于其他两边之和""两点之间线段最短"，走捷径呢！

老鹰从空中俯冲下来猎取地上的小动物时，常常采取一个最优的角度来俯冲一举成功，这个最佳"俯冲角"，老鹰看得很准确。

蜘蛛用吐出的丝结成"八卦"形网，的确巧夺天工，这种八角形几何图案，不但结构复杂而且造型美观，令人叹为观止。即使用尺子和圆规，画图高手也难以画出像蜘蛛网这样匀称的图案。

真正的数学"天才"是珊瑚虫。珊瑚虫在自己的身上记下"日历"，它们每年在自己的体壁上"刻画"出365条斑纹，显然是一天"画"一条，奇怪的是，古生物学家发现3.5亿年前的珊瑚虫每年"画"出400幅"水彩画"。天文学家告诉我们，当时地球一天仅21.9小时，一年不是365天，而是400天。

蚂蚁是一种勤劳、合群的昆虫，它们把一只死蚱蜢切成三块，第二块的体积是第一块的两倍，第三块又是第二块的两倍，蚂蚁在组织劳动力搬运这些食物时，后一组均比前一组多一倍左右，似乎它们也懂得等比数列的规律哩！蚂蚁力量的分配与蚱蜢的体积大小的比例完全一致，其数量之精确令人叫绝。

蜜蜂有自己的模糊教学。它们每天清晨飞出的"侦察员"，回来以后用"舞蹈语言"告诉花蜜的方位、距离，于是蜂王便派遣工蜂出去采蜜，奇妙的是派出的工蜂恰好都可以吃饱回巢酿蜜。蜜蜂是技术高超的"建筑师"，它们所建的蜂房结构十分科学，与数学密切相关。蜜蜂的蜂房是严格的六角柱状体，每间蜂房的空间都是 0.25 立方厘米，房间的正面是平整的六角形进出口，背面是一种封闭的六角锥体。它 6 个三角形的侧面可以拼成 3 个相同的菱形，更令人称奇的是，由菱形面组成的角，其大小完全一样，钝角都是 109°28′，锐角都是 70°32′，蜂房的巢壁厚度为 0.073 毫米，非常精确。经研究计算，这种结构能以最少的材料获得最大的居住空间，而且能以单薄的材料获得最大的强度。

研究发现，很多动物都有数字概念，凤头麦鸡能数到 2，且知道 2 比 1 多；乌鸦可以数到 3；鸽子能数到 6；灰松鼠能数到 7；黑猩猩能数到 10；经过训练的马能用蹄子敲打地面的次数来记数，并且能回答出"是"或"不是"一类的问题；狗在训练后能辨别 10 以内的数字且计算 10 以内的加减法，用叫声表示数字；狼能理解 7 以内数字的信息。

同学们，我们生活的世界中还有很多小秘密，让我们一起来做生活的有心人，去探索、发现吧！

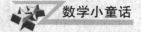数学小童话

夺地风波

熊大和熊二离开了大森林，来到了一座小镇上，加入了一家马戏团，就在他俩几乎要忘记光头强的时候，这个家伙竟然不知道从哪里冒了出来。

真所谓来者不善，光头强此行的目的是要跟马戏团争场地，他要把马戏团现在住的地方买下开个大超市。

老鳄他们可不干了，这个地段可是小镇上人流量最大的地方，如果要搬到其他地方去，观众肯定会少很多，这可怎么办？铁掌大师拉着熊二准备出去和光头强打斗一场，可是刚出门就退回来了，光头强竟然带了一杆猎枪，谁敢和他硬碰啊！

就在大家无计可施的时候，熊大突然灵机一动，他对着光头强喊道："我们来一场公平对决，如果你赢了，这块地我们就让给你！"

光头强心想：谅你也不敢玩什么花样，于是爽快地答应了。

熊大拿出了四张卡片，上面分别写着：2、3、7、8，然后反扣在地上，光头强好奇地问："怎么个比法？"

熊大说："每次从中任意取两张，然后算出两张卡片上数字的积，如果积是偶数，我赢；如果积是奇数，你赢。我俩轮流取，一共进行20次，赢的次数最多者获胜。"

光头强想了想："这四个数中偶数有两个，奇数也有两个，就看你的运气好坏了。"

可是比赛的结果大大出乎大家的意料，熊大以压倒性的优势获胜，光头强懊

恼地甩甩手："我今天的手气实在是太差啦！"

看到光头强灰溜溜地走了，大家齐声欢呼。

熊二说："我刚才好担心啊，万一你输了可怎么办啊？"

熊大笑呵呵地说："我输的可能性太小啦！"

熊二更好奇了："是不是你在卡片上做了手脚啊？"

熊大摇摇头说："那样太没水平啦！从这四个数中任意选两个，可以得到6个不同的积，分别是2×3=6、2×7=14、2×8=16、3×7=21、3×8=24、7×8=56，其中只有21一个奇数。"

熊二恍然大悟："原来你获胜的可能性是六分之五，而光头强获胜的可能性只有六分之一。"

老鳄紧紧地握住熊大的手说："这次真是多亏了你啊！"

这场夺地风波终于平息了，马戏团又恢复了正常的生活。

狐狸和松鼠

一天，狐狸因为偷吃，被小熊一拳打在了树上。一只小松鼠正好路过，小松鼠左手拿纸，右手拿笔，在树枝上边走边说："哎呀，这数学题可难死了，怎么做呀！"

想着想着，小松鼠猛一抬头，吓了一大跳："哎呀，树上怎么会有只狐狸？"

瘸腿狐狸小声问："你遇到难题了？我能帮忙吗？"

小松鼠说："你伤得这样重，还帮我解题，真是好狐狸！题目是这样的：

有3棵古树，它们的年龄分别由1、2、3、4、5、6、7、8、9中的不同的3个数字组成，其中一棵树的年龄正好是其他两棵树年龄和的一半，这3棵古树各多少岁？"

癞腿狐狸说:"这题很容易。不过,我如果帮你做出来,你能帮我一把吗?"

"没问题! 救死扶伤嘛!"小松鼠满口答应。

狐狸说:"你用这 9 个数字中最小的 3 个数 1、2、3 组成 123,用最大的 3 个数字组成 789,而 123 + 789 = 912,恰好是 456 的两倍。也就是说 456 正好是 123 与 789 和的一半。"

小松鼠高兴地说:"这 3 棵古树年龄分别是 123 岁、456 岁、789 岁。年龄可真大呀! 要好好保护这些古树。"

癞腿狐狸说:"我已经帮你把题算出来了,你把我拉起来吧!"

小松鼠"吱吱"叫了几声,不知从什么地方钻出好几只小松鼠。大家喊着号子,连拖带拽把癞腿狐狸拉了起来。帮忙的小松鼠一转眼又都不见了。

癞腿狐狸对小松鼠说:"我想吃点东西,我可不吃素食。"

小松鼠问:"你想吃什么?"

癞腿狐狸说:"鸡、鼠共有 49,100 条腿往前走,请你想一想,有多少只鸡有多少只鼠? 鸡我是不敢吃了,只好吃鼠啦。"

小松鼠问:"要吃几只鼠?"

"算算嘛!"狐狸列了个算式:鼠的只数是(100 −49×2)÷2=1(只)。

小松鼠惊讶地问:"这一只鼠是不是我呀?"

"就是你小松鼠!"癞腿狐狸张嘴扑上前去。

趣题大本营

"借来还去"解题例谈（二）

今天，我们继续来探讨"借来还去"的解题方法。

> 【例2】爷爷对孙子说："欢欢，你把这篮桃子的 $\frac{1}{3}$ 多2个给你奶奶， $\frac{1}{2}$ 少4个给你哥哥，剩下的6个你拿着。"请你帮助欢欢分分这篮桃子。

要分这篮桃子，得先算算这篮桃子有多少个。假如欢欢向奶奶借来2个桃子，借给哥哥4个桃子，那么欢欢剩下桃子的个数为6+2-4=4（个）。通过借来还去，问题就变为：这篮桃子的 $\frac{1}{3}$ 给奶奶， $\frac{1}{2}$ 给哥哥，自己剩4个。这篮桃子共有多少个？这样，根据题意，可以先求出这篮桃子的个数为：（6+2-4）÷（1- $\frac{1}{3}$ - $\frac{1}{2}$ ）=24（个）。

所以，分给奶奶的桃子数为：24× $\frac{1}{3}$ +2=10（个）；分给哥哥的桃子个数为：24× $\frac{1}{2}$ -4=8（个）。

> 【例3】卖冷饮的小店规定：5个空汽水可换1瓶汽水。某班同学喝了161瓶汽水，其中有一些是用喝剩的空瓶换来的。那么，他们至少要买多少瓶汽水？

　　我们用"借来还去法"这样想，先买4瓶汽水，再"借"来1瓶，喝完这瓶后，拿5个空瓶去抵"借"来的1瓶汽水的价钱。这样，每喝5瓶汽水，实际上买了4瓶借来1瓶。根据题意"某班同学喝了161瓶汽水，其中有一些是用喝剩的空瓶换来的"，而161÷5=32……1，说明这个班同学喝了32个5瓶汽水还多1瓶。

　　所以，他们至少要买汽水的瓶数为：32×4+1=129（瓶）。

　　我们用"借来还去法"解题时，无论是真借真还，还是假借假还，目的只有一个，就是使问题中的数量关系更加明晰，使解法由复杂变得简单。

　　小朋友们，你们学会了吗？

农夫卖鸡蛋

　　在古代印度，流传着一道数学名题：有个农夫到街上去卖鸡蛋，第一个人买去了全部鸡蛋的一半还多一个；第二个买去了剩下的一半还多一个；第三个又买去了剩下的一半还多一个，这时筐里的鸡蛋正好剩下10个。问：这个农夫当初拿了多少个鸡蛋？

　　题目叙述的环节较多，多的较难，想少的。我们退到最简单的情况：有个农夫到街上去卖鸡蛋，一个人买去了全部鸡蛋的一半还多一个，这时筐里的鸡蛋正好剩下10个，问这个农夫当初拿了多少个鸡蛋？

　　（10+1）×2=22（个）

　　简单的问题解决了。原题不过是这种简单情形的三次重复。

　　（10+1）×2=22（个）

　　（22+1）×2=46（个）

　　（46+1）×2=94（个）

　　故知，这个农夫当初拿了94个鸡蛋。

帽子的颜色

著名数学家华罗庚曾经提出过这样一个问题:

从前有一个土耳其商人,想找一个既聪明又能干的助手,于是便贴出了告示。前来报名的有两个人。商人想测验一下这两个人谁比较聪明,就给他们出了一道有趣的数学题。

他把两个人带进一间没有窗户、没有镜子、靠灯光来照明的屋子里。

商人打开一个盒子,对两个人说:"这里面有五顶帽子,两顶红色的,三顶黑色的。现在我熄灯,我们三个人每人摸一顶戴在自己头上,然后把盒子盖上,再点亮灯。你们尽快说出自己头上戴的帽子是什么颜色。"

说完,三个人就这样做了,把灯点亮,两个人都看见商人戴的是红色的帽子。过了一瞬间,其中一个人说:"我戴的是黑色的帽子。"这个人猜对了。

他是怎样做出正确判断的呢?

这样的问题我们只有通过分析和推理才能得出正确的判断。

一共只有两顶红色的帽子,商人头上已经戴了一顶红色的,如果这两个人再看见对方戴的也是红色的,就可以立即判断自己戴的是黑色的。可是,在灯亮以后,两个人都没有立即说话,这说明两个人都看见对方戴的不是红色的。这需要考虑一下，我戴的是不是红色的呢？其中一个人机灵、反应比较快，看见对方没有立即讲话，便判断自己戴的不是红色的，而是黑色的。

买邮票

一元钱买15张邮票，其中有4分的、8分的和1角的三种。正如大家想象的那样，有人提出了一个问题：有几种买法？

我们可以假设用一元钱只买4分和1角（10分）的两种邮票。由于1角的邮票无论买几张，所花去钱数的末尾数都是零，而总钱数（一元即100分）的末尾数也是零，因此买4分的邮票的张数只能是5张、10张、15张和20张。

假设4分的邮票是买10张，剩下的钱可以买1角的邮票6张，这样总张数是10+6=16（张），比15张多了16-15=1（张）。这说明必须用买4分邮票的钱去买一张8分的邮票。这样总钱数不变，张数又是15张。因此，4分邮票的实际张数是10-1×2=8（张），1角的邮票是6张，8分的邮票是1张。

假设4分的邮票是15张，同理可得，1角的邮票是4张，8分的邮票是15+4-15=4（张），4分的邮票实际是15-4×2=7（张）。

假设4分的邮票是20张，同样可得：1角的邮票是2张，8分的邮票是：20+2-15=7（张），4分的邮票实际是20-7×2=6（张）。

上面这个问题是由我国著名数学家华罗庚提出来的。虽然已经过时，邮票的面值已和过去大不相同，但作为数学问题，仍然是妙趣横生。

参考文献

马飞．教你从小爱数学．北京：金盾出版社，2008.

杨红樱．马小跳玩数学．长春：吉林美术出版社，2014.

叶浦明．学生万能数学通．长春：吉林人民出版社，2002.